쉽게 따라할 수 있는

우리머리 이야기

채선숙 · 박유경 · 최옥순 · 황인숙 · 이정숙
한국우리머리연구소

경춘사

쉽게 따라할 수 있는

우리머리 이야기

지은이 한국우리머리연구소
채선숙 · 박유경 · 최옥순 · 황인숙 · 이정숙

발행인 안중기
발행처 도서출판 경춘사
등록번호 제10-153(1987. 11. 28)

인쇄 2017년 2월 10일
발행 2017년 2월 20일

서울시 마포구 마포대로 14길 31-9
경춘빌딩 101호

전화 (02)716-2502, 714-5246
팩스 (02)704-0688
www.kcpub.co.kr

값 **20,000**원

ISBN 978-89-5895-157-5 93590

들어가면서

PREFACE

기원전 인류 문화의 시작으로 미는 각 시대의 사회적 구조와 문화의 반영물로써 신분과 사회적 역할을 포함하고 있다. 또한 상징을 나타내는 미와 단순한 외형적 미의 표현까지 다채로운 형태로 변화하고 발전 해왔다. 5천년 우리 미용 역사 또한 단순한 외형적 아름다움의 표현을 넘어 삶의 지혜와 수단으로 창조되고 상징되어 표현해 왔으며 현대미용의 다양한 발전을 가져왔다고 할 수 있다.

이러한 우리 선조의 발자취와 지혜의 근원으로부터 해석되고 표현되어 온 현대 미용을 보면 21세기의 미디어 발달 및 경계의 선을 넘나드는 문화의 융합으로 우리에게 끊임없이 창조적인 것을 갈구하여 그에 따른 기술들을 쏟아 놓기를 요구하고 있다.

이에 본서가 고전머리에 대한 새로운 시각과 실무자 및 고전머리를 연구하고 공부하는 학생들에게 체계적인 이론 및 실기 연구의 기초자료로써 보탬이 되고 큰 지침서가 되길 바란다.

책의 구성은 전반적인 이론과 재현과정으로 구성하였다. 구체적인 내용을 살펴보면 문화적 배경, 머리형태, 복식형태, 화장형태 등을 정리하였으며, 누구나 쉽게 따라할 수 있는 머리형태로 샤머니즘, 상고시대부터 조선시대, 현대까지 우리나라 여성 머리 형태를 중심으로 표현하였다. 이론적 체계는 가체와 머리형태의 용어 및 장신구 등 미용에 관련된 복식과 고전머리에 관한 문헌 및 학위논문, 학술논문, 고서를 바탕으로 한 시각적 자료 중심으로 이론적 고찰을 하였다.

또한 우리나라 머리모양의 민속적 상징성을 고찰하였으며 이를 바탕으로 우리나라 각 시대의 머리모양을 재현하고 재현 과정을 이해하기 쉽도록 사진을 첨부하여 설명하였다. 마지막 장에서는 각 시대의 머리 형태를 일러스트레이션을 첨부하여 디자인 과정에 도움이 되고자하였다.

봄에 시작하여 겨울이 가고 또다시 시간이 흘러 원고 정리에 최선을 다하였다. 그러나 마무리를 하고보니 보완해야 할 점 등과 아쉬운 점이 있어 지속적으로 수정·보완할 것이며 이를 위해 아낌없는 시간을 배려해주고 원고를 함께 정리해 주신 교수님들께 진심으로 감사를 드린다.

아울러 본서를 위해 도움을 주신 모든 분들과 도서출판 경춘사 안중기 사장님과 관계자 분들께 대표 저자 채선숙으로서 고마움을 전하고자 한다.

2017년 1월 저자 일동

01
샤머니즘에 표현된 **우리머리**

02
상고시대에 표현된 **우리머리**

CONTENTS

03
삼국시대에 표현된 **우리머리**

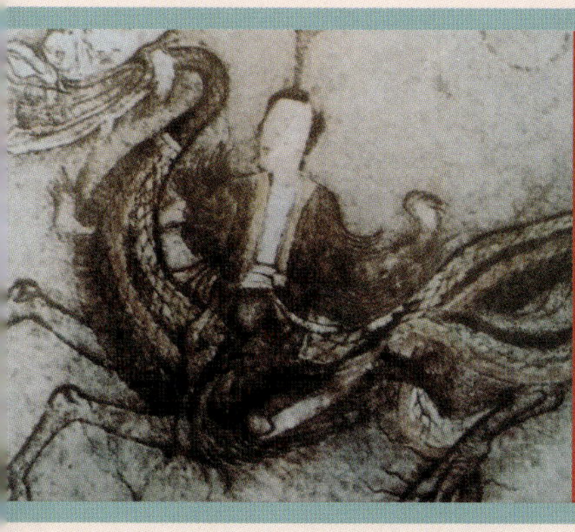

CONTENTS

04
통일신라시대에 표현된 **우리머리**

05
고려시대에 표현된 **우리머리**

06
조선시대시대에 표현된 **우리머리**

07
현대에 표현된 **우리머리**

08
부록

개요

고전머리 정의

가체 및 가발(가모)은 사람의 머리숱을 풍성하게 보이도록 하기 위해 타인의 머리카락 또는 그와 비슷한 동물의 털이나 인공으로 만든 털의 종류를 이용하여 만든 머리모양을 말한다.

동·서양에서 사용하는 가체는 고대부터 여러가지 용도 및 다양한 머리모양을 표현하였으며 불리는 용어도 다양하였다. 한국에 가체무게는 3kg정도이며 한 다리는 41cm 짜리 10개가 1단이다. 한 단은 보통사람의 10명의 머리카락이 필요하다고 할수 있다. 특히 한국에서는 가체를 다리, 다래 달비, 월자, 차 등의 용어로 사용되어 왔다.

가체 다루는 방법은 3가닥으로 땋은머리와 2가닥으로 꼬는머리가 있다.

가체는 현대에 와서도 영화나 드라마에서 분장용 또는 전통을 알리는 의례용, 법관용 등으로 사용되고 있으며, 한류 열풍으로 인한 우리머리에 대한 관심을 바탕으로 동서양의 융합된, 다양한 디자인과 미용미학에 대한 연구가 계속되고 있다.

따라서 본 서에서 고전머리는 가체로 표현 할 수 있는 다양한 머리형태를 포함한 전통머리를 고전머리 또는 우리머리라고 정의한다.

더불어 고전머리에 대한 이론과 그에 따른 교육 및 작품 전시회 등을 통하여 재현작품, 퓨전작품 등 다양한 디자인 컨텐츠를 개발하고 세계화를 위하여 노력해야 될 것이다.

우리머리 만드는 기본재료

댕기

뒤꽂이

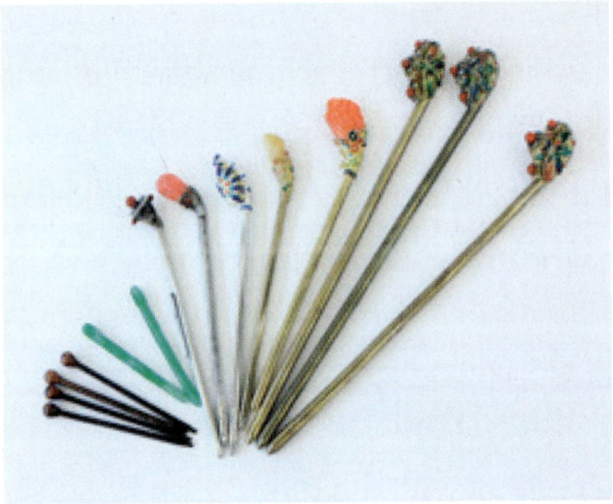

비녀

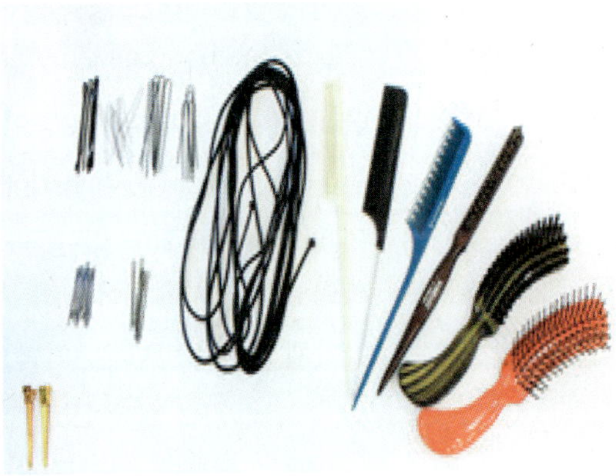

준비물

완성된 가체

가체 다루는 방법

1. 땋은머리

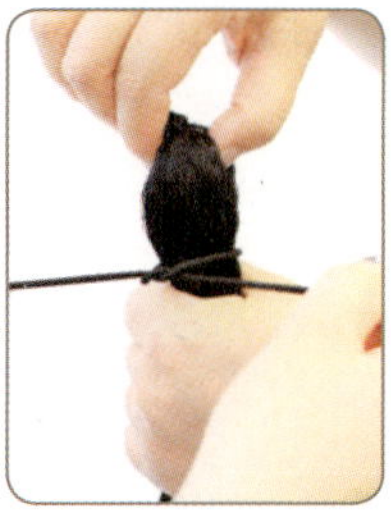

① 가체를고무줄로 묶는다

② 묶는 가체를 세가닥으로 나눈다.

③ 나눈 가체를 세가닥 땋기를 시작한다.

④ 가체를 세가닥 땋기를 한다.

⑤ 세가닥 땋기를 계속한다.

⑥ 땋은머리를 고무줄로 고정한다.

⑦ 고정한 가체를 가위로 다듬는다.

⑧ 다듬은 후 망을 이용한다.

⑨ 망으로 두 세번 감는다.

⑩ 망으로 두 세번 감는 후 고정한다.

2. 꼬는머리

① 오일을 바른 후 가체를 다듬는다.

② 다듬은 가체를 양손으로 잡는다.

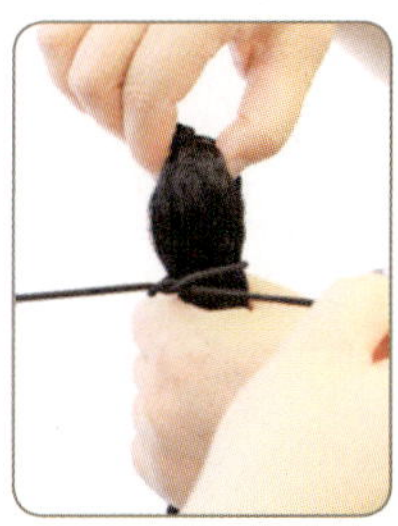

③ 가체를 고무줄로 묶는다.

④ 묶은가체를 두가닥으로 나눈다.

⑤ 나눈 가체를 트위스트로 회전한다.

⑥ 가체를 트위스트로 회전한 후 감아준다.

⑦ 트위스트로 회전한 후 계속 감아준다.

⑧ 가체를 고무줄로 고정한다.

⑨ 고정한 가체를 가위로 다듬는다.

⑩ 완성된 가체

CHAPTER

01

샤머니즘에 표현된 우리머리

1 / 문화적 배경

고대시대의 인류는 질병이나 자연현상으로 인해 끊임없이 생명에 대한 위협을 받았지만 정확한 원인이나 자연현상을 알 만한 인지능력의 부족으로 인간보다 강한 그 어떤 절대적인 힘에 의지하고자하는 마음을 갖게 되었으며 특히 죽음에 대한 불안감을 해소하기 위해 오늘날 원시종교라 불리는 종교현상을 탄생시켰다. 따라서 고대 한국인들은 단군신화(檀君神話)에서 나타나듯이 천신의 아들로 자연신을 거느리고 인간세상을 통치하여 단순한 정치 권력자가 아니라, 초자연적 능력을 가지고 초월적인 세계와 교류 할 수 있는 종교적 지도자이기도 했다. 이렇게 하늘신과 산신중심으로 발전해 왔으며, 통일신라시대를 거쳐 조선시대로 오면서 정치적 기능을 상실하고 사회적, 개인적 기능만 발휘하게 된다. 이러한 발달과정은 이능화의 조선 무속고에 의해 문헌상으로 정리가 되어 있다. 이러한 한국무속은 타 민족의 원시종교와는 다른 체제를 지니면서 수천 년 동안 우리 민족의 정신세계를 지배하는 토속종교로서 무당을 주축으로 민간 층에서 전승되는 종교현상으로 계승발전되어 왔다. 이러한 한국무속은 민족문화의 뿌리임을 강조하고 있는 분위기로 19세기에 제작된 무당내력에서 한국무속의 원류를 국가와 민족의 시조인 단군에서 찾는 시도가 그러한 것이다.

이러한 무속은 무당을 주축으로 민간 층에서 전승되고 있는 자연적 종교현상이다. 무당을 뜻하는 한자는 '巫' 이다. 이 글자를 분석하면 '人+ 工+人 = 巫'로 파자 할 수 있는 바, 이를 바탕으로 해석하면 무당이란 '하늘과 땅을 이어주는 존재'라 할 수 있으며 인간의 의지를 하늘에, 하늘의 의지를 인간에 전해주는 매개자의 위상을 지닌다. 무당의 유형에는 강신무와 세습무가 있다. 강신무는 신병체험을 통해 신내림을 받은 무당이며 중부지역과 북부지역에 많이 분포되어 있다. 세습무는 혈통에 따라 가계계승으로 된 무당으로 기능과 역할은 시어머니로부터 며느리가 전수 받았으며 남부지역에 집중되어 있다. 또한 굿이 주업이며 무복, 무구가 단순하다. 성격에 따른 유형을 보면 중부와 북부지역에 분포되어 있는 무당형, 호남과 영남지역에 분포되어 있는 단골형, 무당형과 단골형의 중간 형태인 제주도의 심방형, 남부지역에 집중 분포 되어 있는 명두형이 있다. 그러나 이들 모두 전문적인 종교 사제자로서 존재의 영구지속을 희구하는 민중의 욕구를 실천화하는 제의, 곧 굿을 주관한다.

2 머리 형태

샤머니즘의 머리형태의 특징을 살펴보면 조선시대 한국을 대표하는 쪽머리가 대부분이지만 쪽의 형태와 방향과 크기 등이 다양함을 알 수 있다. 특히 조선시대 문헌자료에 다양한 머리 형태들이 나타나 있듯이 조선초기에는 머리나 옷의 풍성함이 부와 권력을 상징하며 자신의 신분을 과시하기 위한 하나의 방편이었다. 자신의 머리만으로 풍성하고 부피감 있는 머리채를 꾸미기 힘들었으므로 가체를 사용하는 것은 보편적인 일이었다. 가체머리에 필요한 다래는 윤기가 나고 아주 검은 색이 가장 좋은 것으로 여겨졌으나 일반인들이 쉽게 구입하기 힘들었다고 한다. 하지만 이러한 풍속은 거기에 필요한 다래의 값이 엄청나게 비쌀 뿐 아니라 그 위에 밀화, 석황, 금, 진주 등으로 장식을 하였으므로 그 사치성이 대단했다. 이러한 머리모양은 〈무신도〉에 많이 나타나 있다. 〈무신도〉의 연도가 정확하지 않으나 조선시대 머리모양이 보여 지고 있는 것으로 조선시대 이후인 1700년에서 1900년도로 추정되고 있으며, 조선시대 이후 머리형태가 가장 많은 것으로 나타났다. 추후 〈무신도〉의 조사 진척에 따라 머리형태가 추가 될 가능성이 있다. 〈무신도〉에 표현된 형태적인 측면의 주술성과 상징성, 조형성이 나타난, 전통미가 가미된 헤어디자인 "채선숙(2011) 한국무속신앙에 표현된 헤어디자인 연구"에서 나타나듯이 한국 무신도 554점의 헤어디자인을 분석한 결과 10가지로 분류할 수 있었으며, 이를 다시 주신중심으로 하여 6가지 헤어디자인으로 분류하였다. 결과를 보면 다음과 같다.

첫째, 여백의 미가 가득한 무신도는 가체를 표현한 헤어디자인.
둘째, 서민들의 자연의 미가 나타난 벌생머리를 표현한 헤어디자인.
셋째, 한국의 전통적이고 자연스런 곡선의 미인 무신도는 쪽머리를 표현한 헤어디자인.
넷째, 추상적인 율동미로 사람의 마음을 즐겁게 해주는 무신도는 얹은머리와 트레머리를 표현한 헤어디자인.
다섯째, 순수 미와 자연의 미를 느낄 수 있는 무신도는 땋은머리를 표현한 헤어디자인.
여섯째, 장신구를 사용한 무신도는 두식을 이용한 헤어디자인이다.

또한 6가지의 머리형태를 살펴보면 전반적으로 전통색인 오방색을 주색으로 사용하여 화려함의 색채상징을 강조한 색채미을 표현한 것을 알 수 있다. 따라서 샤머니즘에 표현된 내적인 상징성과 외적인 조형미를 통해서, 전통미와 함께 머리형태의 원류를 찾아보며, 그 시대를 대표 할 수 있다고 볼 수 있다.

1) 가체를 표현한 우리머리

가체를 사용하여 표현한 여백의 미는 단순미와 조화미로서 비움에 의한 채움과 여유의 미가 가미되어 있으며 한국의 전통적인 개념과도 같다. 그림에 나타나 있는 팔선녀, 일월성신의 헤어디자인을 살펴보면 두 개의 가체 머릿속에 비워있는 공간을 찾아 볼 수 있으며 팔선녀의 균형미까지 함께하고 있다. 팔선녀들의 여유로움과 단순하면서도 조화로운 헤어 디자인이 나타나 있음을 알 수 있다.

〈그림 1〉 가체를 표현한 머리형태

팔선녀

팔선녀

2) 벌생머리를 표현한 우리머리

산신의 헤어디자인은 다래를 이용한 벌생머리를 하고 있다. 벌생머리는 쪽을 두 개 하고 목쪽으로 내려와 있으며 큰 비녀를 꽂는 모양으로 조선조 말 풍속화, 민화 등에 자주 등장한 머리 모양으로 김홍도나 신윤복의 그림에 잘 표현 되어있다. 민화는 서민들의 삶이 잘 표현되어 있기 때문에 그 가치를 높이 평가하며 정조 이후에 그려진 것으로 보인다. 일반적인 쪽머리보다 더 큰 머리로 〈무신도〉에 많이 나타나고 있으며 화려한 장신구도 많이 사용하고 있다. 이러한 벌생머리는 서민 여성들 사이에서 유행하고 있던 쪽머리를 의미하는 것이다.

〈그림 2〉 벌생머리를 표현한 머리형태

산신

3) 쪽머리를 표현한 우리머리

1700년대 대신할머니와 1900년대 이후 대신할머니를 살펴보면 노란저고리에서 나타나듯이 빛이 중심이 되는 색으로 희망과 번영을 준다. 대신할머니는 모두 부채와 방울을 들고 있다. 오른쪽에 부채, 왼쪽에 방울, 유념할 일은 부채와 방울이 하나가 되어 있다는 점이다. 하지만 1700년대 대신할머니는 벌생머리로 쪽부분에 다래를 사용하여 크고 풍부한 가체와 비녀를 사용하였으나 1900년대 이후 대신할머니는 가체대신 본인의 머리로만 쪽을 하여 단순한 곡선의 아름다움을 쪽머리로 표현하여 비녀를 사용하고 있다. 이와 같이 한국의 〈무신도〉는 가체를 많이 사용하였던 조선시대 영·정조 이전과 이후의 〈무신도〉가 대부분으로 추측된다. 이는 정갈하고 대쪽 같은 성품이 엿보이며 한국 고유의 전통미가 반영된 머리모양으로 곡선의 미를 표현하고 있다.

〈그림 3〉 쪽머리를 표현한 머리형태

1900년대 이후 대신할머니

1700년대 대신할머니

4) 얹은머리와 트레머리를 표현한 우리머리

추상적이란 일반적으로 최소한의 자연현상이 기본적인 형태로 단순화 되어 있는 것을 의미하며, 추상화는 가능한 모든 사람의 마음을 즐겁고 아름답게 느낄 수 있도록 한다. 〈무신도〉에 표현된 추상적인 바리공주의 헤어디자인은 1800년도 추정되고 있다. 바리공주의 헤어디자인은 벌생머리로 쪽을 하고 탑부분의 트레머리를 이용하여 화려함과 권력 및 신분을 나타냈다. 얹은머리는 크면 클수록 아름답다고 생각했기 때문에 〈성종조(成宗朝)〉에서는 성종이 고계를 좋아하여 사방의 높이가 일척(一尺)이나 되었고 〈연산군조〉에서는 가체의 사치가 성행하였으며, 〈영조조〉에서도 체의 비용이 백금에 이르러 모두 파산할 지경이라는 내용이 있을 정도로 여인들은 가체를 이용한 풍성한 얹은머리를 즐겼다는 것을 알 수 있다. 또한 조선시대는 유교국가로 불교가 배척되면서 무속신앙이 활발해져 구중궁궐에서 답답한 일상을 살던 왕실의 여인들, 부덕의 족쇄가 채워진 반가부녀자들, 고된 노동에 시달리던 일반 서민여성, 남성들 접대에 시달리던 기녀들이 무녀를 찾았다. 이처럼 신분을 막론하고 찾던 무녀들은 경제적으로 여유가 많았고 이러한 이유로 조선정부는 무세를 징수하였을 정도였다. 이처럼 얹은머리는 〈무신도〉에 많이 나타나고 있으며, 시대적으로 정조 이후라는 것을 알 수 있다.

〈그림 4〉 얹은머리와 트레머리를 표현한 머리형태

바리공주　　　　용궁봉래부인

5) 땋은머리와 황새머리추를 표현한 우리머리

물애기씨의 머리모양은 자연미와 순수미를 나타낸다. 물애기씨의 머리는 귀밑머리로 보통 댕기머리 또는 땋은 머리라고 한다. 양쪽 귀 위의 머리를 땋아 뒤에서 모아 다시 땋아서 늘리고 머리끝에 댕기를 드린 것으로, 머리채가 긴 것을 자랑으로 삼아 이에도 가체를 하였으며, 반가의 규수들은 귀밑머리로 귀를 가리고 일반 처녀들은 귀를 가리지 않았다. 귀밑머리는 조선후기에 오면서 가체를 사용하여 길게 땋았으며, 이와 같은 현상은 장소에 따라 약간의 변화가 있지만 현재에도 많이 사용되고 있다.

〈그림 5〉 땋은머리와 황새머리추를 표현한 머리형태

물애기씨

6) 두식을 이용한 우리머리

장신구는 옷과 더불어 전체적인 미를 완성시키는 기능을 하며, 이를 이용하여 미적 감각을 갖게 하는 화관이나 족두리를 사용한다. 떨잠과 노리개는 흔들림과 떨림의 율동미로 아름다움 그 자체이다. 또한 흰빛을 좋아하는 한국인은 백색과는 떨어질 수 없는 관계로 생활하고 있다. 특히 검소하고 질박한 우리의 정신으로 흑백의 머리와 두식을 사용하여 흑백대비미를 표현하였다. 이에 성수는 적색을 포함한 오방색으로 화려하게 과시하고 있다. 부채와 오방기를 들고 머리에는 지화로 꽃을 만들어 전립을 사용하였다. 이러한 장식의 미를 보면 두식을 사용한 용궁선녀는 가체를 이용하고 그 위에 족두리를 사용하여 화려한 장식의 미를 나타냈다. 호구아씨도 벌생머리를 하고 그 위에 족두리를 사용하여 색채를 표현한 색채미와 함께 장식의 미가 더욱 빛나고 있음을 알 수 있다.

〈그림 6〉 두식을 이용한 머리형태

용궁선녀

호구별상

여성수

무녀신무도(巫女神武圖)

3 복식형태

무복이란 무당이 굿할 때 신을 상징하기 위하여 입는 의례복으로 명칭은 지역에 따라 신복, 입석, 신입석, 신령의대, 신령님 옷 등으로 불린다. 무복의 종류와 형태는 지역마다 무당에 따라 다소 차이가 있다. 중·북부지역은 기본적으로 조선시대의 관복을 바탕으로 하며 영남지역은 쾌자와 활옷 두 가지로 무복은 굿에서만 입는 의례복이며 호남지역에서는 무복이라 할 만한 의례복이 없이 무당이 굿을 할 때는 정결한 흰색의 평상시 복장 그대로 치마와 저고리를 입는다. 무복을 입고 방울을 손에 쥐면 무당은 평범한 인간으로서 무당이 아니라 신권적 존재로서 무당이 되고 신격화되어 신의 말인 공수를 내리게 된다. 무복은 신의 옷으로 신성물로 다룬다. 그리고 무당이 걸치는 의상이 새의 날개로 인식되고 있다는 점이다. 거의 모든 시베리아의 샤먼들은 자신이 걸친 옷이 완벽하게 새로 보이도록 노력한다든가 적어도 어느 부분에서만이라도 날개로 보이게 한다는 것이다. 몽고의 샤먼은 어깨에다 직접 날개를 꽂으며, 자기 자신이 곧 새처럼 난다고 믿고 있다는 것이다. 이러한 무당은 무복을 착용하고 제차(第次)를 진행한다. 무복의 종류 또한 굿의 각 제차거리마다 신의 상징이 다르므로 거리의 수와 비례하며, 강신무가 지배적인 중·북부에서는 무복이 신복으로서의 기능을 가지고 있으므로 반드시 입어야 하지만, 세습무가 강한 남부지역에서는 신복으로서 기능이 희박하여 굿에서 무복을 중요하게 여기지 않는다. 그리고 조선시대 무당의 평상복에서 보여지는 다양한 색채는 곧 그들의 신분을 상징하며 굿이 진행되는 동안만큼은 신성한 복식으로 굿판을 성결(聖潔)하는 상징적 의미를 가진다.

〈표 1〉 무당내력(巫堂來歷)에 표현된 굿거리별 무복

굿거리	숭배신	복식의 종류	형태	비고
감응청배 (感應請陪)	최장군	녹색장옷 남색치마		
제석거리 (帝釋巨里)	단군	백색 고깔 백색 장삼 적색대와 가사		
별성거리 (別星巨里)	사도 세자	흑색벙거지 주황색동다리 전복남대		
대거리 (大巨里)	최장군	홍색 호수립 남색 직령포 홍색대		작은책
호구거리 (戶口巨里)	호구신	황색저고리 홍색치마 홍색면사		
조상거리 (祖上巨里)	조상신	주황색 반회장저고리 녹색 치마		

만신말명	만신	황색 몽두리		작은책
축귀	오방신장	연두치마 황색저고리 흑색벙거지		
창부거리 (唱婦巨里)	창부신	흑색 전복 흑색 벙거지		
성조거리 (成造巨里)	성주신	흑립 초록색 소창의 남색치마		
구릉거리 (구릉巨里)	구릉신	홍색 호수립 홍철릭 남전 대		
뒤전	무명잡귀	주황색저고리 녹색치마 주황색 대		

4 두식

엘리아데에 의하면, 알타이 샤먼들이 머리에 두르는 리본이나 수건, 즉 두건(頭巾)은 뱀을 나타내며, 어떤 것은 두 개의 눈을 가진 뱀이 입을 벌린 모습을 본 땄다고 했다. 우리나라는 고대로부터 머리에 쓰는 것을 중요시 하여 반드시 머리에 쓰는 것을 필요로 하였다. 삼국시대에는 흑건, 절풍(折風), 책(幘), 입형모(笠形帽), 변형모 등에 깃털을 사용하였으며 고려시대를 거쳐 조선시대에 이르러 건이나 망건, 유건을 사용하였고 삿갓, 갈모, 초립, 전립, 죽제립, 양관, 사모 등이 사용되었음을 알 수 있다.

이러한 두식은 『고려도경』의 내용을 중심으로 보면 〈왕은 상복(常服)에 오사절상건(烏紗折上巾)을 쓰고, 제복에는 유관을 쓰며, 평거시에는 조건(皁巾)을 쓴다. 그 이외에 국상을 비롯하여 근시(近侍), 종관(從官), 조관(朝官), 서관(庶官) 등은 복두를 쓰고 공기(工技), 민장(民長), 진사(進士)는 건을 쓴다. 부인은 머리를 묶고 비첩은 몽수를 쓰며 민가 여자는 붉은 끈으로 머리를 묶는다〉고 하였다. 조선시대는 신분 구별이 유교적인 사상에 의하여 엄격하였던 만큼 관모에 있어서도 여러 가지가 있다. 건 중에 망건은 남자의 귀천 없이 기혼남자가 머리를 정돈하기 위하여 쓰는 것으로 상류층은 인모(人毛)로 하고 평민층은 말 털로 하였다고 한다. 실용성이 목적인 방립(笠)은 얼굴 가리개용으로 방랑객이나 서민층이 사용하였다. 역졸이나 보부상이 사용하던 격이 낮은 패랭이는 굵은 죽사(竹絲)로 성글게 엮였음을 알 수 있다.

1) 고깔

고깔은 승려가 쓰는 건(巾)의 하나로 천이나 종이를 배접하여 만든 꼭대기가 뾰족한 관모이며 고깔은 한자 '변(弁)'의 우리말로 곳갈이라고 발음하는데 '곳'은 첨단이라든가 돌출하고 있는 모습이고, '갈'은 모자(冠)라는 의미이기 때문에 뾰족하게 돌출된 모양의 모자를 곳갈이라고 한 것은 그 모습에서 생긴 말이다.

무복 곳갈은 굿에서의 고깔로 쪽진 머리위에 쓰며, 〈무신도〉에는 주로 삼불제석에 가장 많이 나타나 있다. 신복순(2010)에 의하면 아래 표에 나타난 고깔은 1900년대로 추정되고 있는 기산 풍속도의 고깔이라고 한다.

1700년대

1700년대

1800년대

〈그림 7〉 고깔

2) 전립, 흑립, 백립

왕이나 귀인들이 착용한 조선의 대표적인 흑립은 주로 남성무신도에 많이 나타난다. 이러한 흑립은 신격상징이 강해서인지 많이 표현되고 있으며 색채는 흑색으로 백색 도포나 창의, 전복과 함께 입어 지적이고 규범적인 선비의 품위를 나타낸 것을 알 수 있다. 전립과 흑립, 머리봉채 들이다.

〈그림 8〉 갓

〈그림 9〉 전립

〈그림 10〉 머리봉채

3) 머리띠와 댕기

색채의 미를 더 해주는 머리띠 또는 댕기는 머리를 정돈하여 묶을 때 사용하며, 검은 머리색에 자연스런 미적분위기가 나타난다. 이러한 〈무신도〉의 두식 또한 비슷함을 알 수 있다. 특히 꽃과 화병을 들고 있는 애기씨 무신도는 미혼임을 표시하는 방법으로 사용되었던 것이다. 여성의 머리에 붉은 댕기는 검은 머리색에 조화미를 더하며 걸어갈 때 뒤에서 흔들리는 순수미와 더불어 율동의 미까지 나타난다.

〈그림 11〉 머리띠

4) 족두리

여자의 머리쓰개는 머릿수건에서부터 보석과 구슬을 화려하게 장식한 화관이 있으며 족두리는 예장용으로 사용되었다. 족두리와 화관들이다. 족두리를 사용한 〈무신도〉는 용궁선녀와 호구아씨, 용궁봉래부인, 산신등에 나타난다. 또한 장식만을 목적으로 한 족두리에 비해 방한용의 기능적인 목적으로 사용된 남바위, 조바위, 풍차가 있다. 이러한 방한용은 자연적인 전통문양으로 꽃이나 새 문양을 사용하였고 색채로는 흑색과 금박문양이나 붉은 수를 놓아 색채의 미를 나타냈음을 알 수 있다.

〈그림 12〉 화관

5) 선녀관

장식의 미가 있는 선녀관은 화려한 비즈와 액세서리들이 표현되어있으며, 〈무신도〉에 나오는 성수와, 한산이씨대신은 한지로 꽃을 만들어 화려하게 표현하고 있다. 1900년대 대신할머니는 방울과 부채를 들고 있으며 일반적인 대신할머니에 비해 조금 다르다. 단정한 대신할머니 보다는 화려함을 강조하고 갓에 깃털을 사용하였으며 머리모양은 풍부한 가체를 하고 있다. 왜 그런지는 알 수 없으나 아마도 평양남도 평양에서 사용한 것으로 보아 조선시대의 사치스런 머리를 풍자했을 거라고 추측 할 수 있다.

〈그림 13〉 선녀관

5/ 도구

1) 장신구

우리 민족의 멋이나 아름다움 중 하나는 고도로 세련된 장신구의 멋이다. 장식의 디자인 기법에서는 우리민족의 생활수단, 삶의 방편, 생활양식의 면모가 나타나고 있음을 알 수 있듯이 장식물의 떨림은 착용자의 움직임에 따라 하늘거리며 잔잔하게 떨리고 있는 떨림의 멋을 일찍부터 우리는 터득하였다. 또한 다양한 유물을 통하여 발견 되었으며 특히 삼국시대의 것으로는 경주와 공주의 왕릉에서 출토된 유물들이 이를 입증해주고 있다. 이러한 도구중 하나는 머리에 꽂는 비녀이다. 비녀는 복식과 맞추어 색의 조화로 아름다움을 표현한다. 비녀는 금은보화로 갖가지 문양을 새겨서 장식을 하고 왕비의 상징인 용잠(龍簪), 모란잠, 매죽잠 등이 있으며 상류층의 사치품으로 사용된 떨잠과 뒤꽂이, 빗치개가 있다. 그리고 패물로 사용된 노리개와 가락지, 귀걸이, 신발 등이 있다. 노리개는 여성들의 장신구 중에 대표적인 것으로 미적 효과와

패물로서의 가치와 소유하고 만족하며 인간의 염원을 기원하는 의미로 활용되었다. 가락지는 간단한 꽃반지부터 구리반지, 귀한 보석반지 등 여성이 즐겨 사용한 것으로 주로 금, 은반지를 가장 애용한 것으로 나타난다. 이러한 장신구는 왕가나 사대부가 여인들이 주로 사용하였으나 무속인 들도 많이 사용하였다. 이러한 장신구의 종류는 비녀, 뒤꽂이, 떨잠, 노리개, 귀걸이, 가락지 등이 있다.

떨잠

뒤꽂이

뒤꽂이

비녀

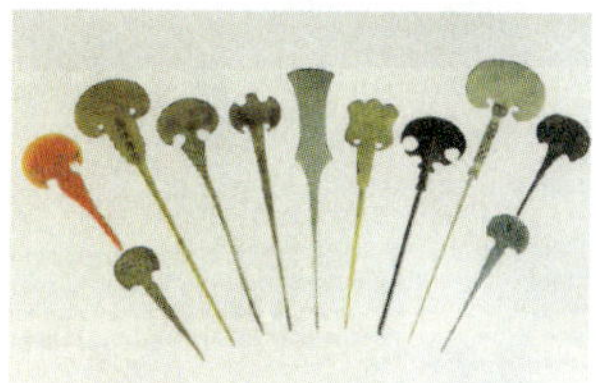
빗치개

달팽이

〈그림 14〉 장신구

2) 무구

무속의 무구는 신적 상징물로 사용되며 무당에게는 절대적인 것이다. 무구는 이런 노리개처럼 무속에서는 부채와 방울을 가장 많이 손에 들고 있는 것으로 보아 장신구는 염원을 기원하는 주술성으로 부적과 같은 의미로 사용되었음을 알 수 있으며 〈무신도〉에는 손이 가려져 있어서 잘 나타나지 않지만 반지는 용궁부, 까치산마누라, 작두부인 등이 사용하였다. 이러한 무구 종류는 방울, 오방기, 부채, 동경거울, 손작두, 작두, 삼지창, 신장칼, 동자신발, 선녀신발 등이 있다.

오방기

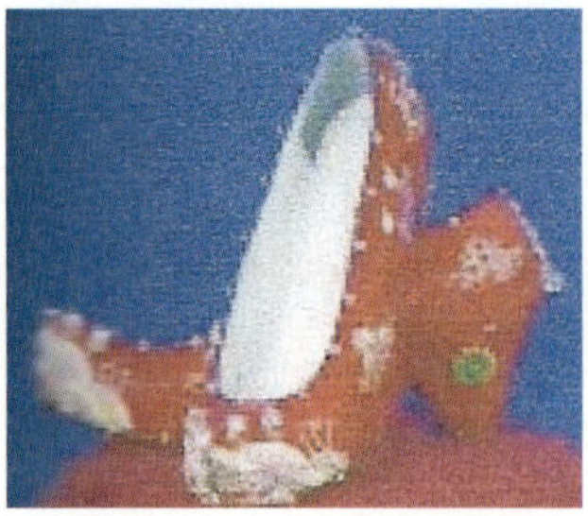

선녀신발

동자신발

징

동경거울

삼지창

신장칼

작두

성수부채

삼불제석부채

아흔아홉상쇠방울

〈그림 15〉 무구

6/ 재현 및 따라하기

샤머니즘의 헤어디자인을 살펴보면 굿의 거리에 따라 표현하고 있으며 자연스런 머리 형태에서부터 가체와 쪽머리, 두식을 이용하고 있는 것을 알 수 있다. 또한 현재의 무속인 들의 헤어디자인은 대부분 쪽머리를 하고 있다. 따라서 헤어디자인과 장신구는 그 시대의 사회, 문화, 경제적 영향을 받고 있음을 알 수 있으며 전통미와 조형미를 간직한 조선시대 이후의 머리모양이 대부분이다.

1) 가체를 재현한 우리머리(팔선녀)

팔선녀

정면

뒷면

좌

우

작 품 설 명

팔선녀는 인간을 즐겁게 해 주고 부귀영화가 무엇인가를 깨닫게 해주는 신이다. 여덟 명의 선녀들이 구름을 타고 있으며 자손생산을 상징하고 천주떡과 불로초 잎과 선녀부채를 들고 있다. 팔선녀의 아름답고 화려한 색감과 선녀관을 사용하여 우리머리를 연출한 작품이다.

제 작 과 정

① 앞가르마를 하여 머리를 곱게 빗질을 한 후 목뒤(네이프)에서 세 가닥으로 땋는다.
② 딴 머리다발을 끝부분에 댕기를 한 번 돌려 머리다발을 고정시켜 준다.
③ 동선과 가체를 이용하여 세 가닥으로 땋은 후 선녀관을 만든다.
⑤ 만들어 놓은 선녀관을 머리 뒤(정수리)부분에 고정 시킨다.
⑥ 선녀관을 액세서리로 조화롭게 연출한다.

2) 벌생머리를 재현한 우리머리(산신)

산신

정면

뒷면

좌

우

작품설명

민화에서 범이 자애로운 어머니, 즉 신모(神母)의 이미지로 나타나는 것은 범이 산신과 사이좋게 나란히 있으며, 음양사상의 조화를 보여주는 것으로 곧 달신(月神)을 강조하고 있다. 이러한 산신은 민화에서 많이 나타나고 있다. 산신과 호구아씨 등 많은 무신도와 민화에서 보여주는 헤어디자인은 벌생머리로 조선조 말에 대부분 풍속화에서 많이 나타나고 있으며 일반 평민들의 삶이 묻어 나기도 한다. 서민 여성들 사이에서 유행하고 있던 쪽머리로 쪽이 두 개이고 목 쪽으로 내려 와 있는 머리모양으로 벌생머리를 하고 있다.

제작과정

① 가운데 가르마를 탄 상태에서 얼굴선에 평행이 되도록 빗질을 한다.
② 목 뒤(네이프 포인트)에서 머리다발을 세 가닥으로 나누어 딴다.
③ 딴 머리다발을 끝부분에 댕기를 한 번 돌려 머리다발을 고정시켜 준다.
④ 땋은 머리를 반으로 접은 상태에서 남아 있는 댕기를 이용하여 머리다발을 고정시킨다.
⑤ 한쪽 손에 잡고 있던 머리다발을 시계방향으로 돌려 원을 만든다.
⑥ 머리다발을 양쪽에 하나씩 같은 크기로 두 개를 만든 후 균형미를 맞춘다.
⑦ 한쪽 손에 머리다발을 쥐고, 다른 손으로 비녀를 사용하여 2개의 머리다발을 고정시킨다.

3) 쪽머리를 재현한 우리머리(대신할머니)

대신할머니

정면

뒷면

좌

우

작 품 설 명

대신할머니는 부채와 방울을 들고 있으며, 부채에는 삼신이 그려져 있는 상징적인 도상이고 무당의 굿을 연상하면 무속에서 빼 놓을 수 없는 것이다. 대신할머니에 표현된 쪽의 형태를 살펴보면 머리다발을 땋아서 쪽을 지었다는 것을 알 수 있다. 대부분 반가부녀자들의 모습과 일반인들의 쪽의 크기와 위치가 약간의 차이가 있지만 형태는 비슷하게 나타나며 질감은 전통적인 곡선의 아름다움을 나타내고 있다. 이러한 우리머리는 조선시대 사회적 배경과 넓은 이마의 최고의 아름다움을 과시하는 영향을 받은 것으로 추측된다.

제작과정

① 가운데 가르마를 탄 상태에서 얼굴선에 평행이 되도록 빗질을 한다.
② 그 후 목뒤에서 머리다발을 3가닥으로 나누어 딴다.
③ 딴 머리다발을 끝부분에 댕기를 한 번 돌려 머리다발을 고정 시켜 준다.
④ 땋은 머리를 반으로 접은 상태에서 남아 있는 댕기를 이용하여 머리다발을 고정시킨다.
⑤ 한쪽 손에 잡고 있던 머리다발을 시계방향으로 돌려 원을 만든후 머리다발을 양쪽으로 넓혀 균형미를 맞춘다.
⑥ 한쪽 손에 머리다발을 쥐고, 다른 손으로 비녀를 사용하여 고정시킨다.
⑦ 장신구를 이용하여 조화롭게 마무리를 한다.

4) 트레머리를 재현한 우리머리(바리공주)

바리공주

정면

뒷면

좌

우

작품설명

조선시대의 권력과 신분을 나타내는 화려한 트레머리를 이용하여 바리공주를 재현한 헤어디자인으로 많은 장신구를 사용하여 만든 작품이다. 바리공주는 딸 많은 집안의 7번째로 태어나서 아버지의 버림을 받았지만, 아버지를 위해 약수를 구해 회생시킨다는 효행담이 있는 전설로 모진 어려움을 극복하고 자기완성을 이룩한 영웅의 성장과정을 의미한다.

제작과정

① 가운데 가르마를 탄 상태에서 얼굴선에 평행이 되도록 빗질을 한다.
② 땋은 머리를 반으로 접은 상태에서 남아 있는 댕기를 이용하여 머리다발을 고정시킨다.
③ 한쪽 손에 잡고 있던 머리다발을 시계방향으로 돌려 원을 만든후 머리다발을 양쪽으로 넓혀 균형미를 맞춘다.
④ 한쪽 손에 머리다발을 쥐고, 다른 손으로 비녀를 사용하여 고정시킨다.
⑤ 두 개의 가체를 이용하여 정수리 부분에 얹은 다음 고정시킨다.
⑥ 댕기와 장신구로 마무리한다.

5) 얹은머리를 재현한 우리머리(용궁봉래부인)

용궁봉래부인

정면

뒷면

좌

우

작 품 설 명

기혼녀의 기본적인 헤어디자인인 얹은머리는 트레머리라고도하며, 조선시대 순조 때까지 지속된 머리형태로 무신도에 많이 나타나 있으며 특히 용궁부인, 용궁봉래부인, 까치산 마누라 등에 많이 나타난다. 얹은머리는 머리를 전체적으로 뒤에서 앞으로 틀어 얹은 형태가 아니라 양 갈래로 딴 머리를 교차시켜 앞머리에서 매듭을 짓는 형태를 하고 있으며, 우리나라 고전머리에 가장 많이 등장하는 형태이다. 이러한 우리머리는 궁중에 다니는 반가부녀자들이 이에 영향을 받아 머리에 가체(일종의 가발로 다리, 다래, 달비, 월자, 차라고 불림)를 사용하여 풍성하게 치장해 꾸민 얹은머리로 크게 유행되면서 일반 서민들에게 퍼져 나간 헤어디자인이다.

제 작 과 정

① 가운데 가르마를 한 후 매끄럽게 빗질을 하여 하나로 목뒤에 고정시킨다.
② 땋은 머리를 반으로 접은 상태에서 남아 있는 댕기를 이용하여 머리다발을 고정시킨다.
③ 준비한 가체를 가지고 네이프에서 부터 두상 위까지 흘러내리지 않도록 한 바퀴 감은 후 전체적인 균형을 잡은 후 고정시킨다.
④ 두상의 뒤 부분에서 댕기를 한쪽에 고정한다.
⑤ 장신구로 마무리한다.

6) 땋은머리를 재현한 우리머리(물애기씨)

물애기씨

정면	뒷면	좌	우

작품설명

물애기씨의 헤어디자인은 대표적인 미혼녀의 머리 형태로 처녀를 상징하는 의미가 담겨 있으며, 반가 규수인 경우는 귀를 덮었으며 그 외 미혼녀들은 귀를 드러내 놓았다. 또한 반가의 규수들은 귀 뒤부터 땋았으며, 신분이 낮으면 귀 위에서부터[)] 땋았다. 이러한 귀밑머리는 귀 뒤에서부터 땋았음을 알 수 있다. 그러므로 일반 미혼녀가 아닌 반가 규수들이 하는 우리머리 형태라고 할 수 있다.

제 작 과 정

① 가운데 앞가르마를 탄 후 3등분으로 나눈다.

② 3등분한 머리다발을 세 가닥을 이용하여 땋아준다.

③ 땋은 머리 끝에 댕기를 한 바퀴 돌려 매듭을 지은 후 고정시켜 준다.

7) 벌생머리와 두식을 재현한 우리머리 (대신할머니)

대신할머니

정면

뒷면

좌

우

작품설명

대신할머니는 오른쪽에 부채, 왼쪽에 방울을 들고 있지만, 유념할 일은 부채와 방울이 한짝이 되어 있다는 점이다. 부채를 흔들거나 혹은 폈다 접었다 하면서 방울을 흔들며 주문을 외는 무당의 굿을 연상하면 무속에서 빼놓을 수 없는 것으로 부채를 쥔 모습이 사뭇 다르며 부채는 상징적인 도상이라고 할 수 있다. 이러한 대신할머니는 자손을 번창하는 상징으로 색채상징과 주술성을 띤 장식의 미를 내포한 작품이다.

제작과정

① 가운데 가르마를 탄 상태에서 얼굴선에 평행이 되도록 빗질을 한다.
② 그 후 목뒤에서 머리다발을 세 가닥으로 나누어 딴다.
③ 딴 머리다발을 끝부분에 댕기를 한 번 돌려 머리다발을 고정시켜 준다.
④ 땋은 머리를 반으로 접은 상태에서 남아 있는 댕기를 이용하여 머리다발을 고정시킨다.
⑤ 한쪽 손에 잡고 있던 머리다발을 시계방향으로 돌려 원을 만든다.
⑥ 머리다발을 양쪽에 하나씩 같은 크기로 두 개를 만든 후 균형미를 맞춘다.
⑦ 한쪽 손에 머리다발을 쥐고, 다른 손으로 비녀를 사용하여 2개의 머리다발을 고정시킨다.
⑧ 장신구로 연출한 다음 갓을 머리위에 씌운 후 고정시킨다.

8) 두식을 재현한 우리머리(호구별상)

호구별상

정면

뒷면

좌

우

작품설명

호구별상은 여신의 성격를 가지고 있으며 심술을 많이 부리고 악한 일도 많이 생기게 하는 신으로 천연두인 마마가 걸려서 곰보형상으로 옷을 뒤집어쓰고 있으며, 호구별성 거리에서 무당은 춤을 추면서 공수를 한다. 이렇게 하면 시집을 갈수 있다는 설이 있으며 족두리를 착용하고 연지 곤지를 하는 것이 특징이다.

제작과정

① 앞가르마를 하고 머리를 뒤로 곱게 빗질을 한다
② 네이프에서 머리다발을 세 가닥으로 나누어 딴 후 끝부분에 댕기를 한번 돌려 머리다발을 고정시켜 준다.
③ 땋은 머리를 반으로 접은 상태에서 남아 있는 머리를 반으로 접은 후 댕기를 이용하여 머리 다발을 고정시킨다.
④ 한쪽 손에 잡고 있던 머리다발을 시계방향으로 돌려 원을 만든다.
⑤ 비녀를 사용하여 쪽머리를 고정시킨다.
⑥ 만들어놓은 족두리를 두상위에 고정시킨다.
⑦ 장신구로 조화미 있게 연출한다.

9) 두식을 재현한 우리머리(여성수)

여성수

정면

뒷면

좌

우

작품설명

성수는 황색 몽두리를 입고 붉은색 복식을 입었으며 부채와 방울을 높이 들고 있다. 몽두리는 곧 조상을 의미하고 노란색이 조상의 의미인 뿌리를 의미함을 드러낸다. 붉은색은 환한 남쪽을 상징한다. 따라서 성수가 막연하게 무당의 혼령이 죽어 신령이 되었다는 의미만을 넘어서 남쪽의 밝음을 추구하는 상징의미를 도출할 수 있다. 실제로 우리나라 전통 혼례식에서 신부의 정식 복장은 원삼 족두리로 붉은 색을 기반으로 한다. 신부가 얼굴에 붉은 색 곤지를 찍는 것도 성수의 붉은 색과 의미가 동일하다.

제작과정

① 앞가르마를 한 후 뒤에서 묶어준다.
② 가체를 이용하여 목뒤에서 한 바퀴 돌려준 후 고정시킨다.
③ 우측 머리끝을 가체 속으로 넣은 후 고정시킨다.
④ 가체를 이용하여 쪽머리를 한 후 비녀로 고정시킨다.
⑤ 뒤꽂이로 균형 있게 마무리 한다.
⑥ 빨강, 노란색 한지를 이용하여 꽃을 만든다.
⑦ 만들어놓은 꽃을 실리콘으로 전립에 부착한다.
⑧ 만들어 놓은 전립을 착용한 후 마무리한다.

10) 트레머리와 두식을 재현한 우리머리(무녀신무도(巫女神武圖))

무녀신무도

정면

뒷면

좌

우

작품설명

신윤복의 무녀신무도는 풍속화에 표현된 회화로 잘 알려져 있다. 무녀신무도의 헤어디자인은 조선시대 대표적인 트레머리로 많은 귀족들과 서민들까지 즐겨 사용했던 머리 형태이다. 그 시대 여자들의 화려한 사치로 인하여 가체금사목까지 생겨 법으로 정한 우리머리를 재현한 작품이다.

제작과정

① 머리를 곱게 빗질 한 후 쪽머리를 한다.
② 다래를 이용하여 먼저 뒤에서 균형을 잡는다.
③ 좌우 비대 층으로 하여 머리다발을 둥글게 형태를 잡는다.
④ 시계방향 방향으로 돌아가면서 머리다발을 올려 고정시켜준다.
⑤ 전체 머리다발에 율동미를 살려준다.
⑥ 가체위에 장신구를 이용하여 균형 있게 장식한다.
⑦ 가체위에 갓을 착용한 후 마무리한다.

CHAPTER

02

상고시대에 **표현된 우리머리**

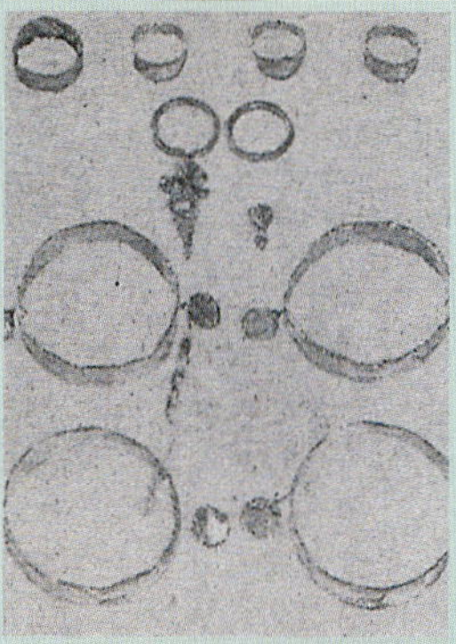

1 문화적 배경

우리나라는 구석기 시대인 BC 약 60만~1만년으로 씨족사회에서 부족사회로 발전하면서 여러 부족이 연합 또는 동맹을 맺어 몇 개의 부족취합국가를 이루었으며 부족국가의 형성은 대륙과 인접하여 금속 문화인 청동기 문화가 싹트기 시작했다.

청동기와 철기 시대는 BC 10세기경 신석기 말엽 무문토기를 사용하는 새로운 주민이 만주와 한반도에 정착하여 살면서 철기 문화는 대략 기원전 2세기경부터 시작하였다.

고조선은 지금의 평양으로 추정되는 수도 왕검성을 중심으로 독자적인 문화를 발전시켜 나갔으며 여러 군장국가들과 연합하여 하나의 연맹왕국으로 성장하였다. 제정일치시대의 최고통치자인 단군왕검을 중심으로 한 신권정치를 이루었으며 단군은 고조선의 정치적·종교적 지배자였으며 현재는 하나의 종교이자 민속신앙인 산신으로 전해져 오고 있다. 또한 농업경제와 철제 무기가 크게 발달하였으며 특히 금속문화의 발전이 눈부시게 발전하여 일본으로 전파하였다. 기원 전·후에는 낙랑 문화가 한반도 남부로 이입되어 문화 전반에 영향을 미쳤다. 그리고 한강 이남에 분포된 부족사회인 마한, 진한, 변한은 삼한 연맹체로 형성되어 성장하였으며 마한은 백제, 진한은 신라가 변한은 가야국이 되어 고대국가의 체계를 갖추었으며 철기를 이용하여 농업기술과 견직, 수공업이 발달되었다.

〈그림 1〉 낙랑 시대 채협칠롱

〈그림 2〉 요녕성 박물관소장, 상고시대 요양 지역 출토 벽화 행렬도(1)

1995년 7월 촬영, 진현관, V자영형 장포 착용 주인공

2 머리 형태

미용은 문화의 한 단면이므로 한국 미용문화의 원류를 찾으려면 먼저 한국문화 전반에 대한 기원과 그 원류에 대하여 고찰이 반드시 필요하다.

「환단고기(桓檀古記)」의 단군세기는 단군시대의 역사와 관련된 기록를 모아 둔 것이다. 그 내용을 보면 "계묘 3년 9월 조서를 내려 백성들로 하여금 머리카락을 땋아서 목을 덮도록 하고, 푸른 옷을 입게 하였다.(癸卯三年九月下詔使 民編發盖首服靑衣 계묘삼년구월하조사 민편발개수복청의)"고 하였다. 단군이 개국하던 첫 해에 백성들에게 머리를 땋고 관모를 쓰는 법을 가르쳤다는 것은 이때에 벌써 우리 고유의 머리모양이 있었다는 것을 말한다.

환웅천왕인 거발환(BC 3898)은 부자와 군신, 남녀의 구분을 명확히 하였으며 머리를 땋게 하였고, 음식, 의복, 주거의 편의와 제도를 만들었다.

단군 원년부터 머리카락을 땋고 늘였던 머리를 수건과 같은 것으로 머리를 덮는 형식을 가르친 이래 변발 풍속은 땋아 늘여진 머리를 한데 뭉쳐 둥글게 묶는 상투와 유사한 형태로 발전하였음을 문헌비고를 통해 알 수 있다. 또한 대전에서 출토된 청동기에서 볼 수 있는 상투 수발법은 성인 남자는 상투를 하고 미혼 남자는 피발(被髮: 머리를 풀어 헤치는 것)한 모습을 하고 있다. 또 비녀 머리 부분에 사람의 얼굴모양의 무늬가 새겨져 있는 뼈비녀가 소영자 옛무덤에서 출토되었는데 이는 이미 수발이 행하여 졌다는 것을 알 수 있다.

삼한의 머리모양을 보면 '마한인은 머리를 상투로 틀고 관모를 착용하지 않은 맨머리를 하였다'고 「후한서(後漢書)」〈동이전〉, 「삼국지(三國志)」〈위서 동이전〉, 「진서」〈동이전〉 등에 기록되어 있다. 또한 변한에 대해서는 미발(美髮), 장발(長髮)이라 했다. 여자 머리모양에 대해서는 「해동역사(海桐繹史)」에 '삼한의 부인은 반발(盤髮, 얹은머리)하였는데 모두 아계(鴉髻, 검은머리)를 찌었고 여발(餘髮, 남은머리)은 늘어뜨렸으며, 여자는 말아서 뒤에 드리웠다' 하였다. 위와 같은 기록으로 보아 우리나라는 오래전부터 머리를 귀중하게 여겨 신경을 써서 두발을 정리하고 장식한 것으로 보인다.

1) 피발

한국의 여성들이 최초로 했던 머리모양으로 자연 상태의 머리모양을 말하며 전혀 손질하지 않은 머리형태라고 할수 있다. 또한 풀어 헤쳐 어깨 위로 늘어 뜨린 원시상태의 머리모양이다.

2) 속발

처음으로 머리카락을 자르고 묶은 모양으로 빗과 비녀가 발명되기 이전 머리모양이다. 속발의 시대는 빗의 발명으로 인하여 다른 양상을 띠게 되며, 빗은 처음에 짐승의 뼈를 이용해서 만들었다고 한다. 여성들이 머리를 묶을 줄 알았다는 것은 머리가 옷보다 먼저 인상을 결정짓는 요소라는 점을 알 수 있도록 한 계기를 만들어 준것이다.

3) 수발

수발은 글자 그대로 머리카락을 늘어뜨린 형태라고 한다.

4) 변발(편발)

중국측의 변발은 5천년의 역사를 지고 있으며 유물로 전해지고 있는 것이다. 춘추전국시대에는 머리 정수리 부분에서 뒷머리에 이르는 짧고 한줄기로 된 변발로 되어 있다가 주 나라로 내려오면서 어깨 아래에 까지 늘어진 두 갈래 변발로 변해갔다고 전한다.

3 복식 형태

단군 조선의 복식에 관해서는 「증보문헌비고(增補文獻備考)」나 「연려실기술별집(練藜室記述別集)」에 '단군 원년 나라 사람들에게 머리에 개수하는 법을 가르쳤다.'라는 기록이 보인다. 머리에 개수까지 하였다고 하면 이것은 의복의 정제를 말해주는 것이니 우리 고유 복식의 형성은 이미 이때부터 시작되었다고 말 할 수 있다.

우리민족은 이 시대에 와서 단군의 지혜로 원시시대의 동굴생활에서 벗어나 집을 짓고 사는 법을 배웠으며, 생식생활에서 화식생활로 수렵채취생활에서 농경생활로 옮긴 때였으므로, 의생활에서도 짐승의 가죽이나 풀을 간단히 엮어서 몸을 가리는 미개한 생활에서 벗어나 삼으로 만든 옷감을 가지고 제법 의생활다운 생활을 영위하였다. 「삼국지 위지 동이전」 〈부여조〉에 보면 '이 나라에서는 흰색 옷을 입었는데 흰 옷감으로 넓은 소매로 된 포(袍)와 고(袴)를 입었고, 신은 가죽으로 만들어 신었으며 나라 밖으로 나갈 때는 그림이나 수를 가하고 금직이나 모직류의 옷을 입었다. 대인은 가죽과 검은 담비로 된 구를 만들어 입고 금은식 모(帽)를 썼다.'는 기록이 있어 당시 복식형태를 알 수 있다.

〈그림 3〉 요양, 3도호, 봉대자 출토, 고묘 벽화 남자 복식

4 화장 형태

민속신앙으로 내려오는 단군신화의 내용을 근거로 살펴보면 고조선시대의 미용환경을 짐작할 수 있다. 환웅이 곰과 호랑이에게 "마늘과 쑥을 주어 백일동안 일광을 보지 않으면 사람이 된다"고 하여 곰은 미녀가 되었고 따르지 않은 호랑이는 사람이 되지 못했다는 이야기로, 당시 이미 쑥과 마늘을 미용재료로 사용했다는 점을 알 수 있다. 또한, 상고시대에는 하얀 피부를 가진 사람을 미인상으로 여기고 이상적이라 짐작 하였을 것이다. 당시 읍루 사람들은 돼지기름을 이용하여 얼굴과 눈 밑의 그을림을 방지했고 말갈족은 인뇨(人尿)로 세수를 했다. 돼지기름은 피부를 희고 부드럽게 하는 성분이 있어 유럽인들도 피부 마사지에 사용했으며 인뇨는 세정제 역할뿐 아니라 미백효과가 있어서 사용했던 것이다.

낙랑의 유물인 〈채협총의 채화칠협(彩畵漆篋)〉의 그림을 보면 북방계 미인상으로 이마가 넓고 눈썹이 굵고 진하며 머리가 정돈되어 단정하게 차린 모습을 볼 수 있는 반면 마한(馬韓)과 변진(弁辰) 등, 남부지방에서는 원시화장의 형태로 문신이 성행하였다. 이처럼 한국인의 문신 유래는 매우 오래되었으며, 마한과 변진의 문신은 신분을 구별하기 위한 수단으로 장식을 위한 원시화장이다.

〈그림 4〉 태초 채선숙헤어아트작품

5/ 두식

관모와 두식을 살펴보면 먼저 남자는 상투를 만든 후 진현관, 평건책, 원정입모, 양관형 복두 등을 관모로 착용하였으며 금, 은, 금동 등으로 관식을 만들었으며 여자두식은 고계, 건괵, 보요식, 발대식, 빈(애교머리)하수 등이 있었다.

〈그림 5〉 가야의 금관, 호암미술관 소장

〈그림 6〉 가야의 금동관, 경희대학교 박물관 소장

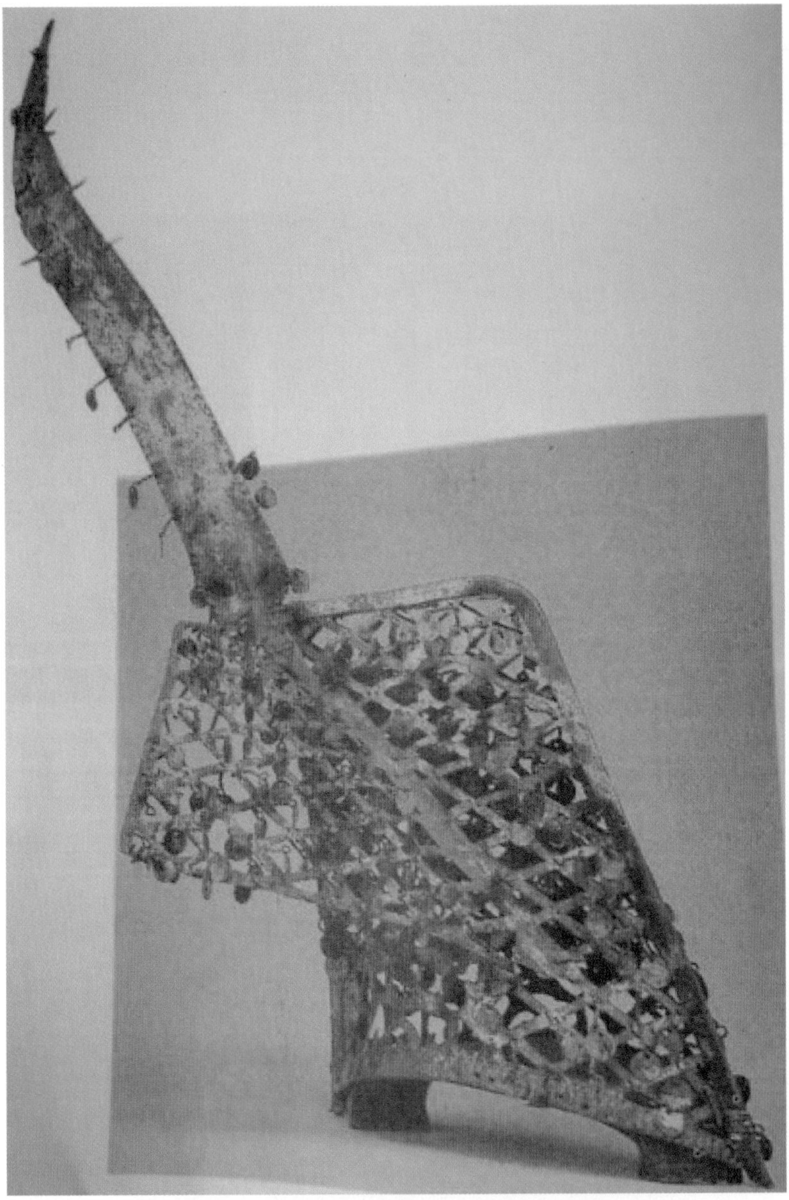

〈그림 7〉 창녕출토 투각 관모

6 장신구

장신구는 금, 은, 각종 보주 등으로 귀금속을 치장하였는데 귀걸이는 금, 은 등의 귀금속으로 만들어 착용하였으며, 목걸이는 금, 은, 비취, 마노, 호박, 수정, 유리 등으로 만들었다.

팔찌는 금동, 호박, 옥 등으로 염주 등을 만들어 착용하였으며, 금제 지환 반지 등을 착용하였다.

⑤

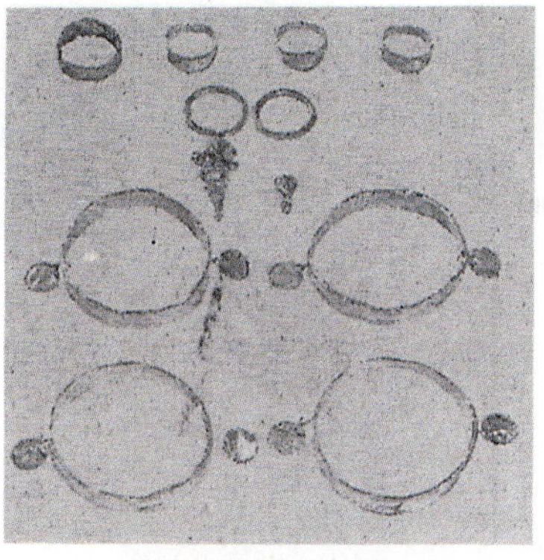

④

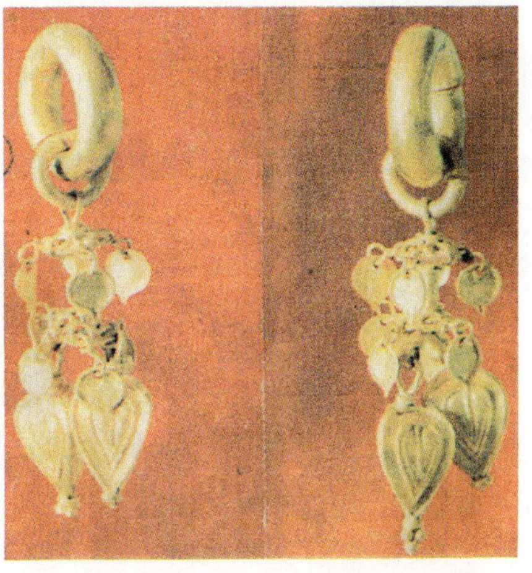

① 합천 4호묘 출토 2쌍의 금제 이식.
② 6호묘 출토 금제 세환 이식.
③ 7호묘출토 청동대 위에 얇은 금판을 씌운 이식.
④ 금제이식.
⑤ 금제지환. 고령 출토. 호암미술관 소장.

① ② ③

〈그림 8〉 가야의 장신구

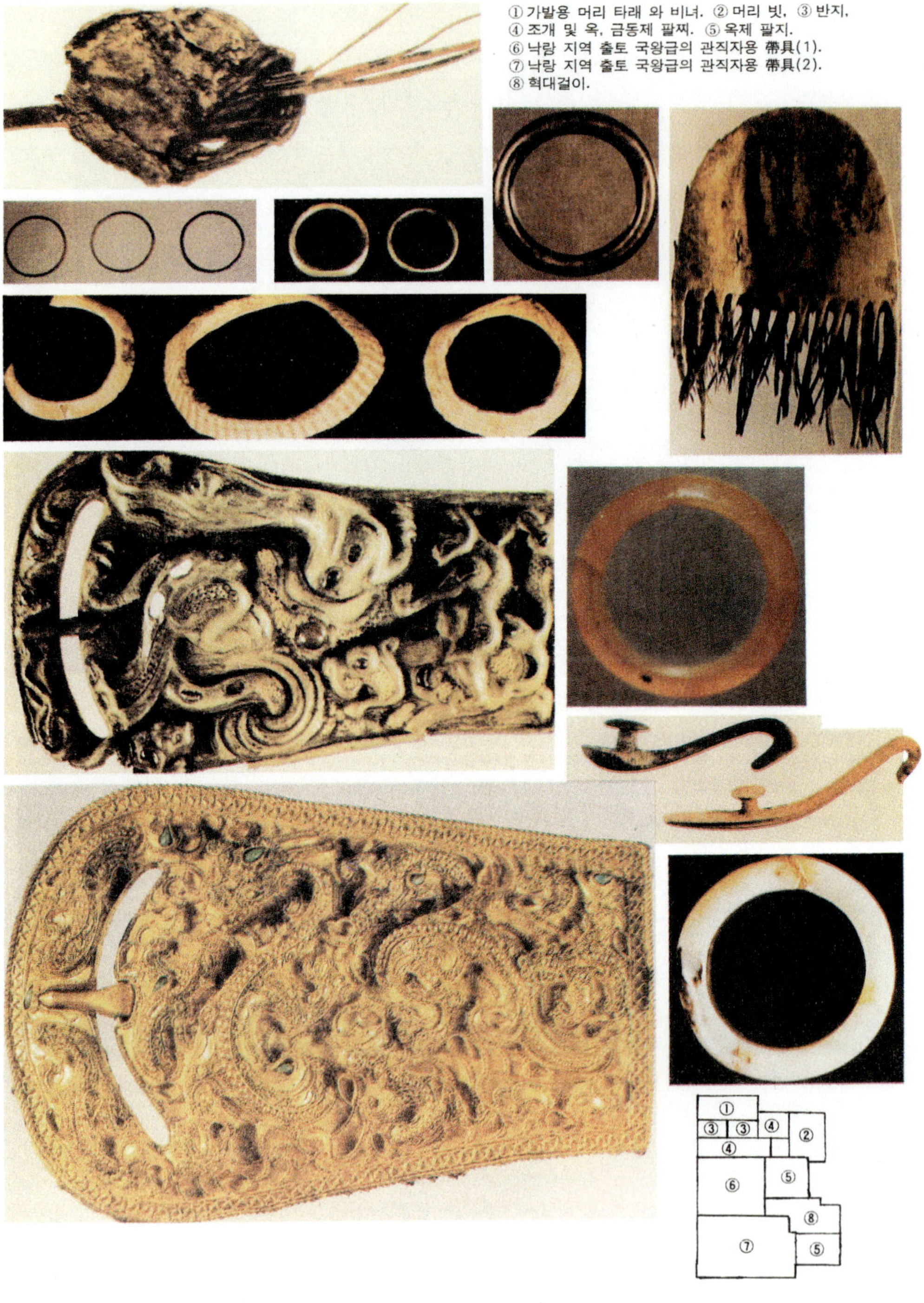

① 가발용 머리 타래 와 비녀. ② 머리 빗, ③ 반지,
④ 조개 및 옥, 금동제 팔찌. ⑤ 옥제 팔지.
⑥ 낙랑 지역 출토 국왕급의 관직자용 帶具(1).
⑦ 낙랑 지역 출토 국왕급의 관직자용 帶具(2).
⑧ 혁대걸이.

〈그림 9〉 고조선 시대 장신구

7 재현 및 따라하기

〈표 1〉 속발

속발

정면

뒷면

좌

우

CHAPTER

03

삼국시대에 **표현된 우리머리**

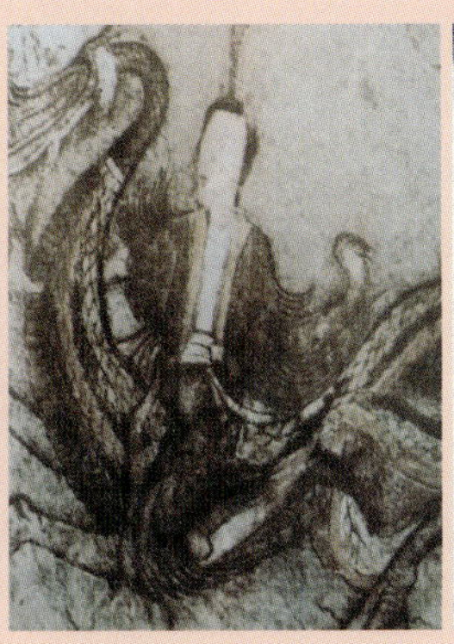

1 고구려 시대

1) 문화적 배경

고구려는 만주에 살던 부여족에서 갈라진 민족으로 「삼국사기(三國史記)」에 나타나는 기록을 살펴보면 천제의 아들 해모수와 하백의 딸 유화 사이에 태어난 주몽이 졸본(卒本) 부여(夫餘)지방에 고구려를 세웠다고 전해진다.

고구려(BC 37년)는 처음에는 압록강 북안 일대의 협소한 지역을 점거하다가 중국민족, 백제 등과 싸우면서 집권적 왕국을 이루며 점점 영토를 확대하여, 북으로는 흑룡강(黑龍江)을 건너 일정한 한계가 없었으며 서북으로는 요수(遼水)의 서계까지 깊이 들어간 광대한 영토를 점유하기에 이르렀다.

고구려는 북방에 웅거하여 민족의 방파제 역할을 하면서 북방계와 중국계의 문화를 수용해 고유문화의 전통 아래 이를 정리하고, 다시 백제와 신라에 전달하는 역할을 하였다. 또한 5부족 소노, 절노, 순노, 관노, 계루로 형성된 부족제도에서 중앙집권제를 확립하여 행정구역으로 개편하였으며 법이 매우 엄하였고 농업이 주된 산업이었다.

고구려인들은 검소하고 무(武), 말타기, 활쏘기, 음악, 춤, 교예 등에 능하였는데 이를 고구려 고유의 문화적 요소와 중국, 인도, 북방 등의 외래문화요소와 혼합되어 다양한 문화들을 접하였기 때문이라 볼 수 있다.

2) 머리형태

고구려의 머리형태는 예를 중시하는 풍습때문에 기혼이나 미혼을 구분하기 위하여 머리를 땋거나 상투를 틀었을 것으로 추정되며, 또한 깨끗한 것을 좋아하고 용모가 단정한 것을 숭상하였다.

고구려의 관모에는 신분계급에 따라 차이가 있었으며 그 종류로는 간단한 두건상의 관모로서 건에서 출발하여 수건을 머리에 묶는 형태인 책과 고구려의 독특한 고유의 관모라 할 수 있으며 변에서 발달한 것으로 새의 깃털을 꽂아 장식하는 절풍, 머리가 흘러 내려오지 않게 활동이 편하고 실용적인 목적으로 착용하는 가장 간단하며 기본적인 관모인 건이 있다. 또 절풍이나 나관위에 깃털을 하나 또는 두 개를 꽂아 장식한 조우관, 부녀자들의 쓰개의 일종으로 관모라기보다는 머리수건으로 생각되는 건괵, 더위와 비를 피하기 위해 끈으로 턱에 걸어 매어 사용하는 실용적인 목적에서 생겨난 관모로 고구려 남자들이 의례용으로 사용하였던 입, 최 상위의 신분을 지닌 고구려인들이 착용했던 나관은 고구려 왕이 착용했던 백라관, 청라관, 강라관이 있다. 이외 금동관과 면관이 있는데 금동관은 넓은 금동관대에 투각 화염문 금동입식을 5개 세우고 관대의 좌우에 댕기 모양의 수식을 하나씩 늘어뜨렸으며 관대 윗둘레에는 뻗은 인동무늬를 투각하고 아래 둘레에는 연주무늬를 둘렀으며 중간에는 같은 간격으로 화형장식 2개를 배치하였다. 면관은 면판에 류가 달려있는 면류관으로 오회분 5호묘에 용을 탄 신선에서 볼 수 있다. 고분벽화에 나타나는 머리 형태는 큰머리, 얹은머리, 푼기명머리, 쪽진머리, 묶은 중발머리, 상투, 채머리, 땋은머리 쌍계 등으로 다양하다.

〈그림 1〉 금용묘 출토 보요식 부녀 칠화
중화 5000년 문물집간, 복식.

〈그림 2〉 오회묘 벽화, 롱관, 대수장포, 폐슬 착용 귀인

① 피발(채머리), 오회묘 4호분 달神. 도 237, 1.
② 환계, 안악 3호묘 여자 주인공. 도 5, 1.
③ ④ ⑤ ⑥ ⑦ ⑧ ⑨ ⑩ 仙女고계, 빈하수, 안악 3호묘 여자 시종. 도 5, 1.
⑪ 선녀고계, 우현리 묘 벽화 비천. 도 73, 3.
⑫ 선녀고계, 무용총 벽화 가야금 타는 진악녀. 도 80, 2.
⑬, ⑭, ⑮ 仙女고계, 빈하수, 덕흥리 벽화, 비천 및 여자 시종. 도 56, 68, 74, 1.
⑯ 앞중심 가르마 兩耳下 束髮, 덕흥리 벽화 여자 시종. 도 77, 78, 85, 1.
⑰ 양이하 빈하수, 무용총 벽화 무용하는 舞女. 도 55, 3.
⑱ 얹는 머리, 덕흥리 벽화 여자 시종. 도 56, 68, 74, 1.
⑲ 고계, 수산리 벽화 시녀. 도 108. 1.
⑳ 묶은 중발머리, 무용총 벽화 여자 시종. 도 50, 1.
㉑ 묶은 중발머리, 장천 1호묘. 도 23, 1.
㉒ 얹는 머리, 무용총 벽화 여자 시종. 도 50, 1.
㉓ 덕흥리 벽화 여자 시종. 도 1.
㉔ 감신총 벽화 여자 귀부인, 쌍계.
㉕ 앞중심 가르마 兩耳下 束髮, 수산리 벽화 광대. 도 106, 1.
㉖ 빈하수 묶은 중발머리, 장천 1호묘 여자 樂人. 도 23, 1.
㉗, ㉘ 속발 후수, 삼실총 벽화 여자 시종. 도 105, 2.
㉙ 빈하수 묶은 중발머리, 삼실총 벽화 여자. 도 208, 1. 도 101, 2.
㉚, ㉛ 빈하수 묶은 중발머리, 장천 1호묘 여자 樂人. 도 23, 1.
㉜ 뿔나팔 부는 인물, 후수속발, 발대(腦後飾). 안악 3호묘. 도 12, 1.
㉝ 고계 오회묘, 무용신. 도 222, 1.
㉞ 각총, 여아의 머리, 대로 묶어 줌, 안악 3호묘, 도 23, 1.
㉟ 약수리 벽화묘. 빈하수. 잠식. 고계.

〈그림 3〉 고구려 여자 발양

〈그림 4〉 안악 3호묘 주인공 행렬도 부분

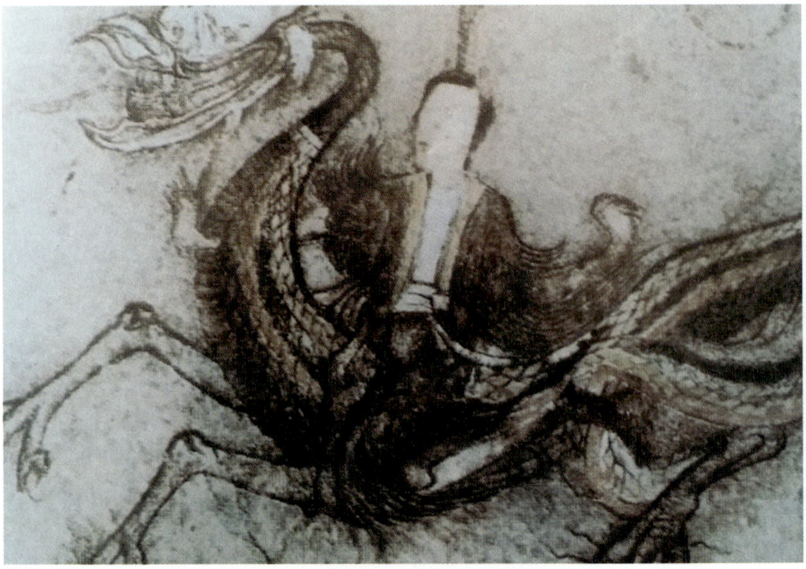

〈그림 5〉 면류관

〈그림 6〉 불꽃금동관(평양 청암동 토성 출토)

〈그림 7〉 조우관(쌍영총 기마도)

(1) 큰머리

큰머리는 안악 3호분(4세기 중엽, 357년)을 보면 동수부인으로 알려져 있는 고국원왕비와 시녀들의 머리모양이 큰머리로 가체를 이용한 고계(높고 크게 머리를 맺는 결발양식으로 중국의 영향을 받은 것) 형태를 하고 있다. 두발양식은 머리의 중앙을 높게 올려 중간에서 끈으로 장식하고, 타원형의 테를 둘렀으며, 머리 두 가닥을 양볼 쪽으로 드리우게 하고 나뭇가지 모양의 붉은 장신구를 꽂아 놓은 머리 모양을 하고 있다. 평민의 머리에도 나타나고 있는데 머리형태가 단순하고 크기가 작고 장식이 적다. 또한 덕흥리 고분(5세기 초, 408년)의 신선옥녀, 견우와 직녀, 기생의 그림에도 나타나는데, 이는 큰머리가 고국원왕시대에는 왕비부터 평민에까지 유행하던 머리형태 라는 것을 알 수 있으며, 점차 높은 신분의 머리형태로 자리를 잡아가는 것으로 해석 될 수 있다.

〈그림 8〉 큰머리

(2) 얹은머리

얹은머리는 머리의 중앙을 높게 올려 중간에서 끈으로 장식하고 테를 두른 형태로 혼인한 부녀자의 대표적인 머리형태이다.

우리나라에서는 두 가지 형태를 볼 수 있으며 쌍영총 공양 행렬도의 부인상과 수산리 고분 행렬도의 묘주 부인은 얹은머리를 하고 있으며, 쌍영총 공양 행렬도의 부인상은 건을 앞이마에서 뒤쪽으로 묶고 있는 모습을 하고 있다.

〈그림 9〉 얹은머리

(3) 쪽 머리

부녀자의 일반적인 머리형태로 표현되는 쪽머리는 두발을 뒤쪽에 낮게 묶어 쪽을 짓는 것이다. 각저총 주인공의 실내 생활도에서 2명의 묘주 부인과 무용총 공양도의 시녀에게서 쪽진 머리 모양을 볼 수 있다.

〈그림 10〉 쪽 머리

(4) 푼기명 머리

삼실총제 1실 남벽 왼쪽 여인도에서 볼 수 있는 푼기명머리는 미혼녀의 머리 형태이다. 좌우에 머리의 일부를 늘어뜨린 모양으로 머리를 셋으로 나누어 한 다발의 머리를 뒤로 하고 두 다발 머리채는 좌우의 볼 쪽에 각 각 늘어뜨린 형태이다.

〈그림 11〉 푼기명 머리

(5) 묶은 중발머리

고구려 벽화에 많이 보이는 머리로 목선에 머리카락을 낮게 묶은 모양이며 머리카락이 짧은 두발을 머리 뒤에 묶은 형태로 머리카락이 자라지 않은 소년, 소녀의 과도기적 머리 형태이다. 무용총 무용도의 음식을 나르는 시녀들 중 묶은 중발머리를 볼 수 있다.

〈그림 12〉 묶은 증발머리

(6) 쌍계

머리 좌우의 윗부분에 두 개의 상투를 만든 쌍계 머리 형태는 덕흥리 고분 시녀도 진파리1호분에서 둥글게 양쪽으로 빗어 올린 쌍계식(雙髻式)의 머리모양을 볼 수 있다. 덕흥리 고분의 여인들은 상투, 쌍계, 쌍수계를 모두 하고 있는데 고구려시대 초기 여성들도 남성과 같은 상투머리를 했음을 입증할 수 있다. 쌍계는 미혼녀, 시녀, 무희 등이 많이 한 머리로 신분이 높은 사람들이 한 머리는 아니었던 것으로 보이며 즉 하나 둘로 묶어 올리는 것이 일하는 여성의 머리로써 편리했기 때문으로 추측된다.

〈그림 13〉 쌍계

(7) 채머리

머리를 자연스럽게 아래로 내려뜨린 머리형태로 오회분 4호 묘의 달의 신에서 볼 수 있다. 달의 신이 채머리를 한 것은 신선의 자유로움과 신비로움을 표현한 것으로 보인다.

〈그림 14〉 채머리

(8) 상투

머리를 정중선으로 가리마하여 양쪽귓가에 묶어 상투를 세우는 것을 말하는 것으로 중화군 제4호 고분 동벽 벽화 여인과 감신총 벽화여인, 덕흥리 고분에서 볼 수 있다. 상투머리는 처음엔 어린 남녀 모두에게 적용하였으나 점차 남성의 머리형태로 정착되었다.

〈그림 15〉 상투

(9) 고계와 반번계

용강(龍岡)감신총 벽화의 여인상에서 보이는 통견 원령으로 내리닫이 옷을 입은 여인상과 결수(結手)여인상의 머리모양이다.

〈그림 16〉 고계와 반번계

3) 복식형태

〈그림 17〉 유 · 고를 착용한 남녀(무용총 벽화)

고구려의 복식은 고기록(古記錄)이나 고분벽화(古墳壁畵), 고분출토품(古墳出土品) 등을 통하여 알 수 있다. 고구려의 복식의 기본형은 상의와 하의가 구분된 직령교임형(直領交衽形)과 전개합임형(前開合衽形), 체형형(體形型)이 섞여 있어 구조적으로 볼 때 북방계 복식형태이다. 그런데, 삼국시대 이전의 부여, 조선, 예맥, 옥저, 삼한 등은 동일 종족에서 남쪽으로 이동할 때 나누어졌으므로 고구려, 백제, 신라 등의 기본 복식은 대체로 공통적이며 부분적인 차이만 보인다고 할 수 있다. 복식의 기본구조는 윗옷으로 '유'와 "장유"가 있고, 아래옷인 '고(袴)', 중국계복장인 치마이며 여인들이 주로 착용하는 옷으로 상(裳), 군(裙), 포(袍)가 있으며, 대(帶)는 허리에 매는 띠로서 저고리인 유와 포를 여미는데 사용하였으며, 머리 수건 형식의 '건(巾)'을 썼으며, 신발로는 '화(靴)'나 '이(履)'를 신었다.

〈그림 18〉 색동주름치마, 유, 고 착용 시녀(덕흥리 벽화)

〈그림 19〉 색동주름치마, 유 착용 귀부인(수산리 벽화)

〈그림 20〉 색동주름치마 착용 당대여인(장회태자, 이현묘 벽화)

〈그림 21〉 색동주름치마 착용 일본여인(고송총 벽화)

4) 화장형태

고구려는 지형적으로 중국과 가장 가까운 나라로 중국의 문화를 빠르게 흡수 하였다. 그 예로 4~5세기경 중국에서 성행하던 연지가 고구려에 들어왔으며 고구려의 여인들 사이에는 뺨과 입술에 연지를 찍는 것이 유행하였고, 연지제조법은 일본에 전해질 정도로 우수했다. 이 외에도 추위를 막아주기 위해서 기름을 몸에 발랐으며, 인뇨를 사용해 이를 제거하는 세제로 사용하다가 불교가 전파되면서 인뇨대신 조두를 세제로 사용하기 시작했으며 상고시대부터 사용되었던 향의 사용이 일반화되었는데 복식의 형태나 신분에 따라 향을 달리한 것으로 보인다.

5) 장신구

장신구는 금, 은, 구리, 도금, 기술 세공의 발달로 장신구들을 사용하였다.

불교의 영향으로 제사나 의식에 사용된 제품들이 발달되었으며 귀고리 형태가 특징적이다. 소환식, 이환부종간장식, 수하식의 세 부분으로 구성된 태환식이며 수하식의 경우는 위는 공모양이고 밑은 원추형을 이루되 모두 하나로 되어있다.

〈그림 22〉 장신구

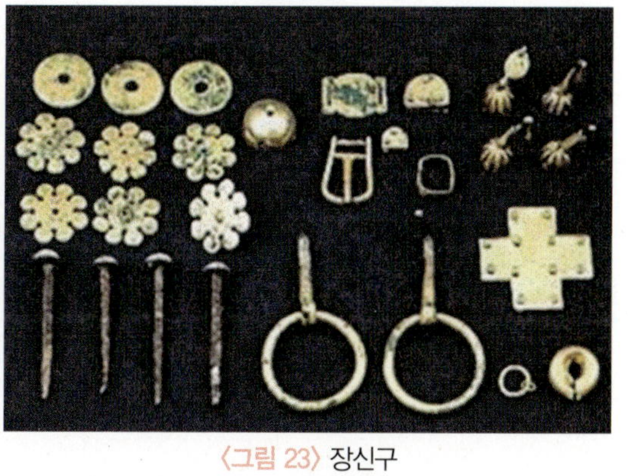

〈그림 23〉 장신구

6) 재현 및 따라하기

〈표 1〉 휠자계

안악3호분 3호묘

정면

후면

좌

우

〈표 2〉 휠자계 따라하기 과정

1. 얼굴라인의 머리다발을 귀뒤까지 모발을 백콤을 한다음 끌어 빗어서 가마부분에서 고정시킨다.

2. 네이프의 햄라인의 머리에 빽콤을 한다음 가마쪽의 머리의 합쳐서 정수리부분에서 묶어서 볼륨을 주어 끝처리를 한다.

3. 가체를 고정한다.

4. 가체고정한 뒷 모습

5. 완성된 뒷 모습

6. 완성된 앞 모습

〈표 3〉 푼기명머리

무용총벽화

정면

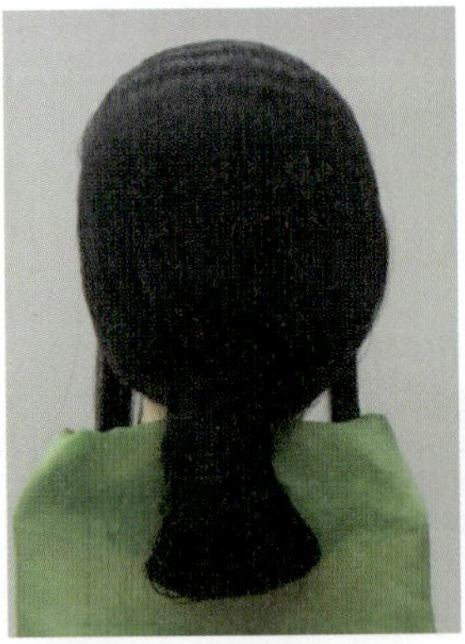

뒷면

좌

우

〈표 4〉 푼기명머리 따라하기 과정

1. 왼쪽사이드에 관자놀이에서 사이드 포인트 사이에 5~6센티나눈다.

2. 오른쪽사이드에 관자놀이에서 사이드 포인트 사이에 5~6센티 나눈다.

3. 목선에서 느슨하게 묶어둔다.

4. 묶은다발을 4~5센티에서 접는다.

5. 접은모양

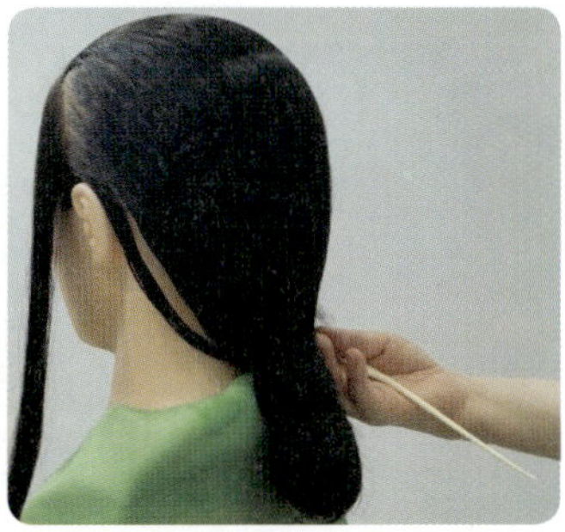

6. 접은 끝부분을 발가림을 해둔다.

〈표 5〉 수소계

정면

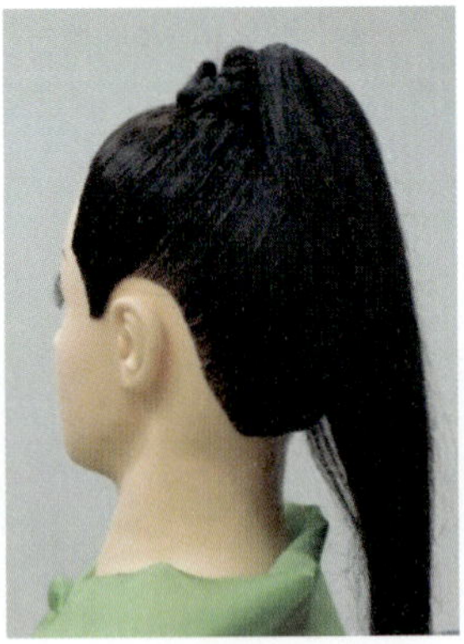

뒷면

좌

우

〈표 6〉 수소계 따라하기 과정

1. 모발을 골든 포인트(가마) 부분에서 포니테일 해둔다

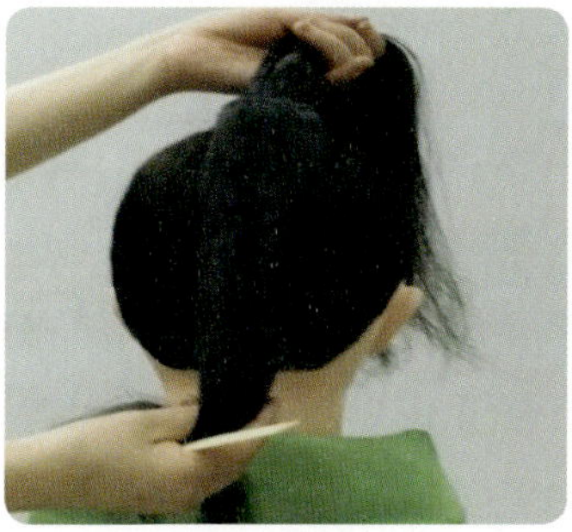

2. 포니테일 한 모발을 두 가닥으로 나눈다.

3. 나눈 모발을 3 가닥으로 땋는다.

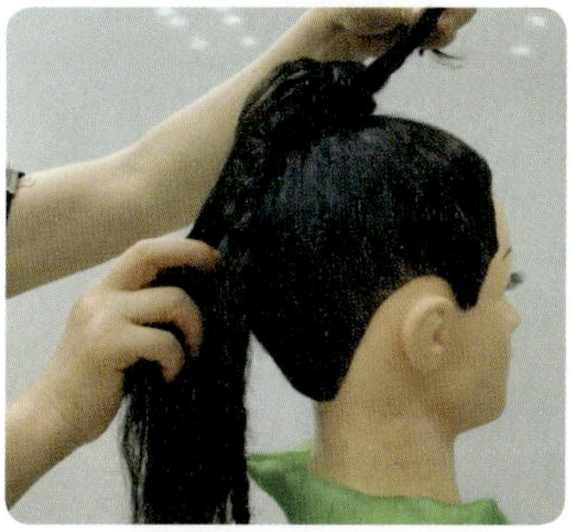

4. 땋은 모발을 탑에 올려서 땋은 머리 모양을 부각시켜서 마무리 한다.

5. 뒷모습

6. 앞모습

2 백제시대

1) 문화적 배경

백제 (BC 18~AD 660)는 고구려 시조 주몽의 아들 온조가 BC 18년에 건국하였다. 북방 기마민족의 부여족 일파와 남방 정착 종경 민족인 마한의 여러 민족들이 하나의 국가를 이루어 귀족사회와 질서를 유지하고 유교를 중시했으며, 한자를 상용하였고, 도교와 불교가 융성하였다. 벼슬의 품계는 十六품. 관모, 의대, 색깔 등으로 위아래를 구별하였고. 一품 ~ 六품까지 관모에 은으로 장식을 하였으며 의복은 보라색으로 권장되었다.

一 좌평, 二 달솔, 三 은솔, 四 덕솔, 五 우솔, 六 나솔 까지는 관식을 은화, 품 이상은 붉은색 七 장덕은 자주색 대, 八 시덕은 조색 대, 九 고덕은 붉은색 대, 十 계덕은 푸른색 대, 十一 대덕은 누런색 대, 十二 문독은 누런색 대, 十三 무독, 十四 좌군, 十五 진무, 十六 극우 흰색 대, 十六품 이상은 푸른색 등이였으며, 백제의 예술은 우아하고 섬세한 것이 특징을 지니며 고구려 및 남조와 고구려의 영향을 받았으면서도 새로운 예술을 개발하였고 일본의 아스카 문화를 개발시키는 등 문화전달의 공이 크다고 볼 수 있다. 백제의 궁궐건축은 매우 화려 하였을 뿐 만 아니라, 그에 따른 건축술도 매우 뛰어났다. 특징을 살펴보면 차등 화된 재질과 착용자의 사회적 신분을 반영한 장식을 하였다.

②

① 무녕왕의 금제 관식
② 무녕왕비의 금제 관식
③ 무녕왕의 금제 머리꽂이

③

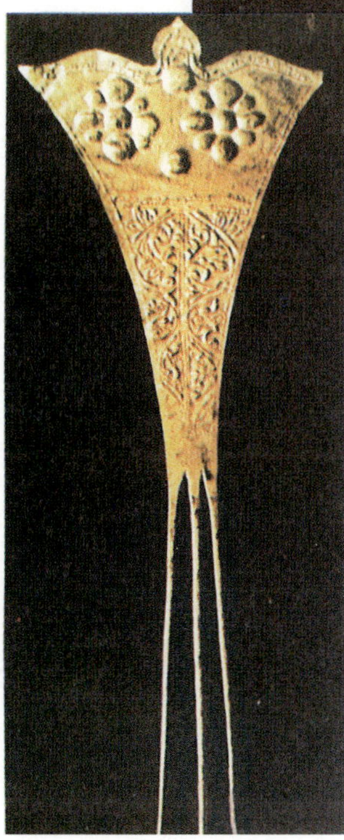

①

〈그림 24〉 백제의 관식 및 머리꽂이

2) 머리형태

백제 머리모양은 중국 남북조 및 수나라의 머리모양과 관련성을 가질 수 있음을 알 수 있다. 수소계는 중국의 역사서 「25사」 중 〈북사(北史) 백제조〉에서 여인들 머리 모양은 여변발수후(女辮髮垂候)라 했으니, 이는 수발에 약간의 인공적인 느낌이 가해진 변발의 형태임을 보여준다. 또한 〈수서(隋畫)〉에도 부인은 분대(粉黛) 하지 않고 머리를 땋아, 뒤로 길게 늘어 뜨리고 출가(出嫁)하면 두 갈래로 나누어 머리에 서린다고 하였다. 이러한 기록을 종합해 볼 때 기혼녀는 머리를 둘로 나누어 머리에 얹는 형태였으며, 미혼녀는 머리를 땋아서 뒤로 늘이거나 땋은 머리를 둥그렇게 얹은 후 한가닥을 뒤로 내려뜨려 기혼녀와 구별이 되게끔 했음을 알 수 있다. 즉 신분, 혼인여부, 성별에 따라 차등을 주었다.

부여 〈정림사지〉에서 나온 도용(陶俑)의 머리형태는 머리를 정중선으로 나누어 위에서 묶고 그 머리를 두 갈래로 틀어 삼각구도 형태로 높이 처리하였으며, 수염을 정리한 모습이다. 남북조시대의 머리모양은 고개지의 〈여사잠도〉를 통해 알 수 있다.

〈낙신부도〉에서 머리 모양은 비천계가 주로 보이고 〈여사잠도〉의 마지막 장면에는 귀반선 부분에서 머리를 묶어 꼬아서 끝을 둥글게 말아 봉모양으로 처리 했으며 이마 정중선을 나누고 부풀린 다음 비천하는 모양이다.

〈그림 25〉 옥충주자 소재, 고계, 관대식, 반수 단령 통재포(파상 단식), 속대, 천의

〈그림 26〉 옥충주자 소재, 쌍계, 장군, 속대

〈그림 27〉 옥충주자 소재, 쌍계, 장군, 속대

〈그림 28〉 옥충주자 소재, 피발 후수, 반수, 둔부선 길이 상의, 소구고

〈그림 29〉 일본 중궁사 소장, 〈천수국 만다라 繡帳〉 인물 복식. (5)

〈그림 30〉 부여 능산리 출토 〈금동 용봉 봉래산 향로〉 각인 인물

③

① 피발, 반수, 둔부선 길이 상의, 속대, 하고, 착용
② 변발 양이하 하수, 장습군 착용
③ 고계, 관식, 장습군, 천의 착용

① ②

〈그림 31〉 일본 소재, 옥충주자 수미좌요 소재 인물

3) 복식형태

복식에 있어서 고구려식과 신라의 형식이 복합적으로 보여지거나 넓은 저고리 소매가 단독으로 보이는 것으로 보아 머리 모양에서도 삼국과 동일하거나 다른 독특한 머리모양이 존재하였으리라고, 추축하는 것은 무리가 아니다. 중국 양나라의 「양서」에 백제인들은 키가 크고 의복이 깨끗하다고 기록되어 있으며 〈양직공도〉에서도 등장하는 백제인, 고구려인, 신라인 등의 모습은 깨끗하게 정리된 외모를 보인다. 이 중 특징적인 사항은 신라인은 면도를 깨끗하게 하고 흰 피부이며 귀공자형의 외모를 보였다.

〈그림 32〉 부여 능산리 출토 〈금동 용봉 봉래산 향로〉 각인 무악인. (2)
여악인, 兩耳옆 속발, 직령 상의, 속대, 장군, 악기 연주

① 일본 소재, 옥충주자 수미좌요 소재, 보관, 발대식, 원령, 반수 상의, 요부 이하 장습군, 속대, 천의.
② 일본 소재, 옥충주자 수미좌요 소재, 투구, 갑견의, 양당갑, 褶裙 위에 短裙, 천의, 속대, 兵器 휴대.
③ ④ ⑤ 부여 능산리 출토 금동 용봉 봉래산 향로 각인 騎馬 武人. 투구, 갑견의, 상의. 하고 착용.

①

②

③

④

⑤

〈그림 33〉 융 · 무장 복식

〈그림 34〉 궁녀사 영정

(1) 양직공도에서 나타난 백제의 의상

백제의 왕은 무령왕릉에서 출토된 유물이 증명하듯이 이후에는 소피대 대신 드리개가 있는 은제허리띠를 둘렀던 것으로 보인다. 백제의 품관제와 신라의 복식금제에서 보면 신분상의 등급에 따라 과의 재료, 색, 수를 달리하여 등급표시의 상징으로 쓰였으며, 남녀·고하가 모두 사용하였던 것으로 보인다.

ㄱ. 유(저고리) : 백제의 유는 고구려의 고분벽화에 보이는 유(저고리)와 비슷한 모양이다.

ㄴ. 고(바지) : 〈백제 국사난 백제국사도〉의 고는 통이 넓고 색선을 둘렀고 여미지 않은 모양이다.

ㄷ. 상(치마):여인들은 고(바지)위에 의례적인 경우 상을 착용했을 것으로 본다.

ㄹ. 포(두루마기) : 백제 국사의 포는 녹색으로, 도홍색 선을 둘렀고 녹색의 넓은 대(띠)를 매어 앞으로 늘어뜨렸다.

(2) 백제왕의 모습

자주 빛의 소매가 넓은 옷에 통 넓은 청색 비단 바지를 입고 허리에는 흰색 가죽 띠를 매고 검은 가죽신을 신었다. 머리에는 금장식을 한 금동관, 오라관, 검은 비단관을 사용하였다.

상의는 대수자포(자주 빛으로 된 큰 소매 달린 도포), 하의는 청금 고 (푸린 비단바지), 소피대는(과대) 〈고이왕조〉 기록에 흰 가죽 띠를 착용했다고 기록되어 있는데, 그림에는 자주색 가죽 띠를 차고 있다.

(3) 왕비의 옷차림

백제시대 유물과 관련 문헌 및 동시대 주변국의 복식 등을 살펴보면 고깔형 관모에 치마와 저고를 입고 그 위에 두루마기나 반소매 옷인 반비를 덧입었을 것으로 추측된다. 무령왕릉에서 보여지는 화려한 금속공예품으로 보아 왕비가 착용했던 복식은 극도의 화려함으로 왕실의 권위를 상징하였다. 일반귀족들과 차이를 두기 위하여 값비싼 염색에 화려하고 섬세한 문양 및 금실이나 금박으로 옷감을 화려하게 장식하고 고급 장신구로 치장을 하였다.

백제의 왕비 역시 치마 속에 속옷과 속바지 그리고 속치마를 갖추어 입어 풍성한 선이 살아 있다.

(4) 시종의 복장

시종은 저고리와 느슨한 바지를 착용하였는데, 저고리는 꽉 끼는 소매에 길이가 엉덩이에 걸칠 정도로 길다. 저고리와 소매, 옷단, 옷깃은 서로 보완적인 천을 사용하여 띠로 덧대었고 꽉 끼는 머리 덮개와 가죽신을 착용하였으며 궁중 안의 여성 시중은 저고리, 바지, 치마, 외투를 입었다.

4) 화장형태

일본의 문헌을 살펴보면 '화장을 할 줄 모르고 화장품도 만들 줄 모르는 일본인들이 백제로부터 화장품의 제조 기술과 화장 기술을 익혀 비로소 화장을 했다'라는 기록이 있다. 이는 백제의 화장 수준이 상당하였다고 볼 수 있다. 중국 문헌에서도 '백제인은 분은 바르되 연지를 바르지 않았다'라는 기록이 있는데 이는 진한 화장을 했던 중국 여인과 화장을 비교했을 때 백제인은 엷고 은은한 화장을 한 것으로 추측되어 진다.

5) 장신구

금, 은 으로 장식한 과대, 목걸이 (장식), 귀걸이(이식), 팔찌(천), 가락지등이다.

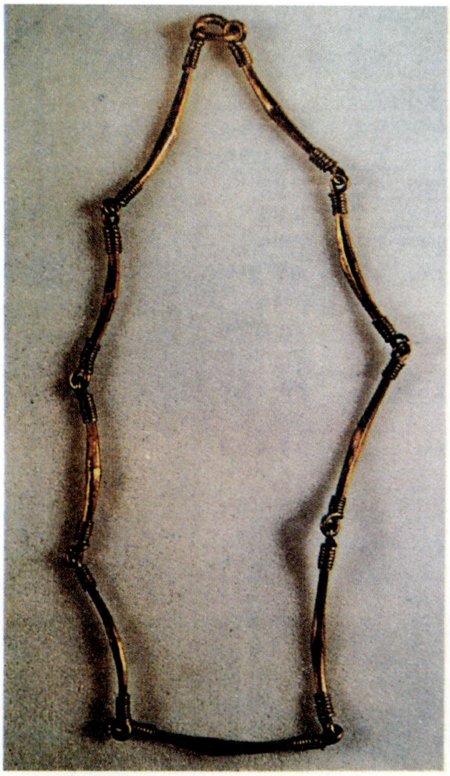

① 무녕왕용 9절 金製 경식.

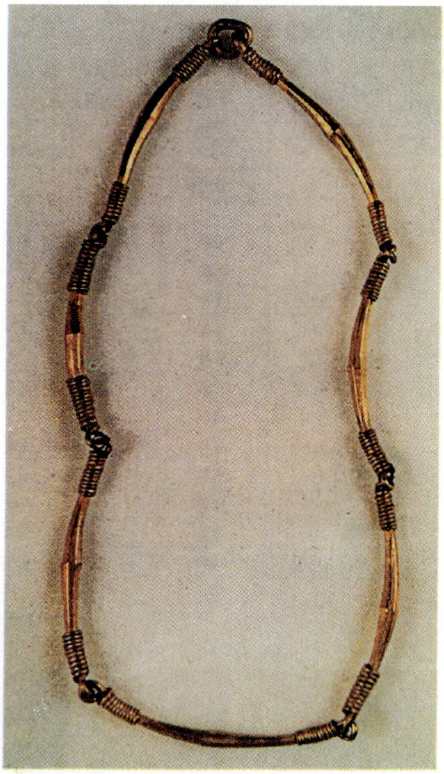

② 무녕왕비용 7절 金製 경식.

③ 玉 製 경식(송산리 제 8호분 출토품)유리, 녹색 소옥 1, 000여개, 황색 소옥 486개로 구성.

〈그림 35〉 백제의 경식 전세 실물

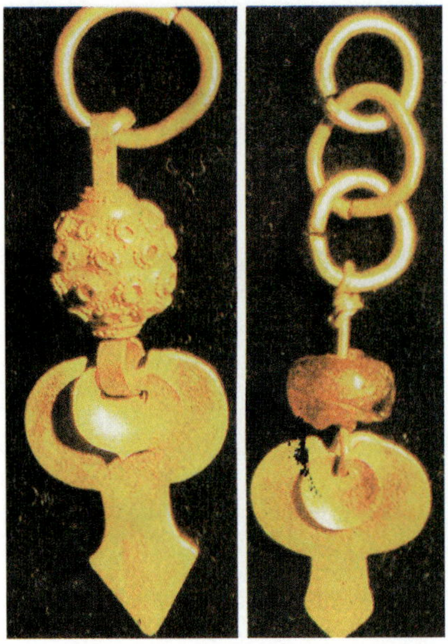

〈그림 36〉 백제의 금제 이식 전세 실물

④

①②③

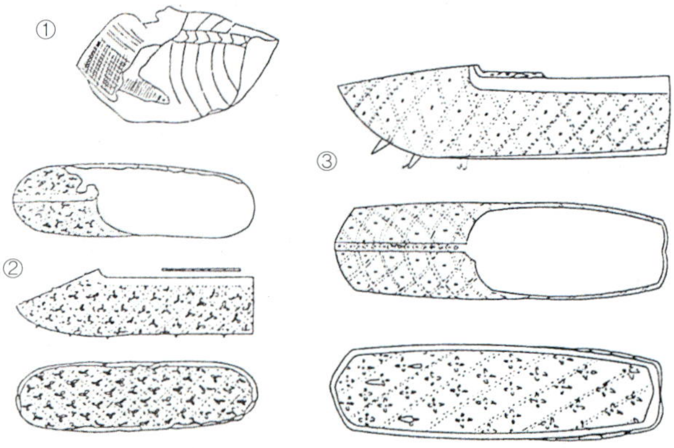

⑤

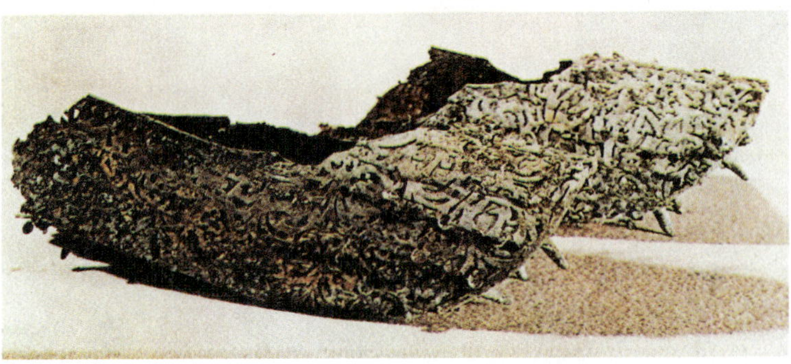

① 입점리 1호 고분 출토 식리
② 신촌리 9호묘 출토 금동제 식리
③ 입점리 1호 고분 출토 식리
④ 나주 번남면 신촌 9호묘 출토 금동 식리
⑤ 무녕왕릉 출토 금동장식 식리

〈그림 37〉 백제의 족의

6) 재현 및 따라하기

〈표 1〉 낭자쌍계

궁녀사 영정

정면

뒷면

좌

우

〈표 2〉 낭자쌍계 따라하기 과정

1. 가운데 가르마를 탄다.

2. 귀 위쪽에 묶는다.

3. 양쪽 똑같이 묶는다.

4. 뒷머리는 목 가까이에 묶는다.

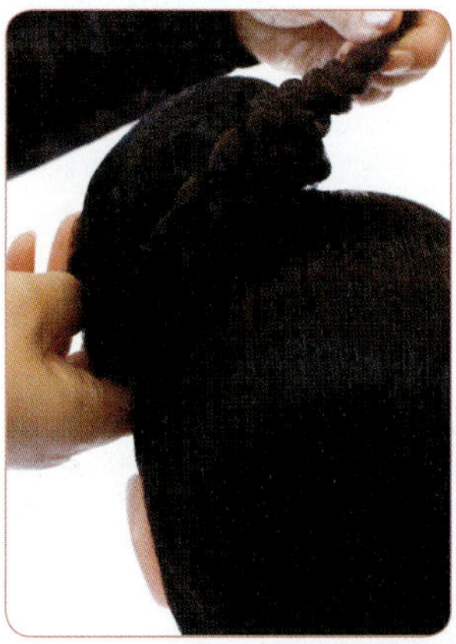

5. 묶은 부분에 싱을 올려 땋은 머리로 감싼다.

6. 뒷머리에 싱을 대고 본머리로 정 가운데를 감싼다.

3/ 신라시대

1) 문화적 배경

신라(기원전 57년~935년)는 고구려, 백제와 함께 삼국시대의 국가 중 하나로, 현재의 한반도 동남부 일대를 약 992년 동안 지배하고 있던 국가로 한국사에서 가장 오랜 기간 동안 존속한 국가이다. 국호인 '신라'는 '왕의 덕업이 날로 새로워 져서 사방을 망라한다'라는 의미를 담고 있다. 신라는 경주지역에서 기원전 57년경에 건국되었으며 6세기경 법흥왕 때 불교를 받아들여 왕권강화와 백성의 단결을 꾀하였으며 진흥왕때에 이르러 전성기 7세기경 한강유역을 차지하고 나·당 연합을 결성하여 660년에 백제를 668년에는 고구려를 멸망시켰다. 한반도를 노렸던 당나라군을 나·당 전쟁을 통해 몰아내고 대동강 이남에서 원산 만에 이르는 지역을 차지하여 삼국통일을 달성하였으며 698년 발해가 세워짐과 함께 남북국 시대의 남쪽 축이 되었다.

신라의 국가성립은 왕권이 안정되고 다른 집단들에 대한 통치 집단의 통제력이 강화되었음을 의미하며, 내물 이사금 때에는 해안가에 나타나던 왜구를 물리치는 과정에서 고구려의 군대가 신라 영토 내에 머물기도 하였다. 그 후 신라는 고구려의 간섭을 받는 한편, 고구려를 통해 간접적으로 중국의 문물을 받아들이기도 하였다.

신라의 정치적 발전으로 6세기 진흥왕 때에 이르러서는 활발한 정복 활동을 전개하면서 삼국 간의 항쟁을 주도하기 시작하여 진흥왕은 국가 발전을 위한 인재를 양성하기 위하여 화랑도를 국가적인 조직으로 개편하고 불교 교단을 정비하여 사상적 통합을 도모하였다. 남쪽으로는 562년 대가야를 정복하여 낙동강 서쪽을 장악하게 되고 한강 유역을 차지함으로써 경제 기반을 강화하여 전략거점을 확보하여 황해를 통해 중국과 직접 교역할 수 있는 발판을 마련하고 이후 신라가 삼국 경쟁의 주도권을 장악하게 되는 계기가 되었다.

신라의 특징으로 골품제를 살펴보면 신라가 중앙집권 국가의 모습을 갖춘 4세기 후반 내물왕 때 중앙 집권 국가로 발전하는 과정에서 왕권이 강화되고 신분제도가 생겼다. 왕족은 성골. 진골에 속하고 일반 귀족들은 6두품이하의 각 두품에 속했다. 또한 화백회의를 주재하는 상대등은 귀족세력의 대표자로 수상 역할을 하고 그후에 왕권강화로 집사부의 중시가 행정을 총괄했다. 신라는 행정구역에 수도를 6부, 지방을 5주로 나누었으며 국교는 불교였는데 지증왕, 법흥왕, 진흥왕에 이르면서 크게 발전하여 삼국통일 기반을 마련하였다. 지증왕때 나라이름을 신라로 정하고 왕호를 마립간에서 왕으로 바꾸고 우산국(울릉도)을 정복하여 법흥왕 때는 나라의 법령인 율령을 발표하고 17관등과 모든 관리들이 입는 공복을 정하였으며, 진흥왕 때는

〈그림 38〉 금관총 출토 금관, 한국미술 5000년

〈그림 39〉 왕관

황룡사를 짓고 불교를 더욱 발전 시켰다. 신라시대는 화랑을 중심으로 한 청소년 수련단체로 정하고 국선, 선랑, 풍월주, 화판이라고도 하는데 단체정신이 매우 강한 청소년 집단으로 교육적·군사적·사교 단체적 기능을 하였다.

당시 신라가 충, 효, 신, 용, 인의 5계 특히 소중하게 여긴 덕목은 충과 신이었는데 이는 시대적으로 화랑도의 제정부터 삼국통일까지가 신라 역사상 국난이 없던 것과 관련이 깊다. 화랑도는 독특한 무사도로 유명하며 삼국통일을 이룩할 때 까지 크게 활기를 띠다가 신문왕대에 이르러서 김흠돌의 난에 의해 폐지되었다.

2) 머리형태

신라부인들의 머리모양을 장식했던 가체를 보면 남성들이나 승려가 되기 위해 입문을 했던 사람들, 혹은 가난한 사람들이 주 대상이었을 것이며 머리를 자르고 난후에는 그것을 가리기 위해 무엇인가를 이용했을 것이다. 이는 「신상서」의 기록에서 흑건(黑巾)을 썼다는 내용으로 알 수 있다. 순흥 읍내리 어숙묘 벽에 나타난 서역풍의 〈반라 역사상〉에는 페이스 라인을 따라 풍성하게 볼륨을 처리 하였으며 수염을 가지런하게 정리하고 콧수염이 흰 사람이 그려져 있는데 서역과 교류가 보편적이었음을 알 수 있다.

신라여인들은 모발을 아름답고 길게 가꾸었으며 부인들은 머리를 땋아서 감아올리고 비단과 구슬로 아름답게 장식하였다. 머릿기름을 곱게 바르고 빗살이 고운 참빗으로 부풀지 않게 빗은 다음 뒤통수에 낮게 땋아 쪽지어 비녀를 꽂았고, 둘둘 말아 틀어 올린 낭자머리에 댕기를 넣어 비녀와 뒤꽂이를 꽂았다. 가체를 사용하였으며 장발의 처리기술이 뛰어났다. 이를 금, 은, 주옥과 오색비단으로 꾸며서 신분과 지위를 나타냈다.

아름다운 가체 기술은 중국이나 다른 나라까지 알려졌으며, 동백씨앗이나 아주까리 등의 열매로 머릿기름을 제조하여 머리손질을 하였다. 단오날에는 머리를 깨끗하게 감고 기름을 발라 머릿결을 관리하는 풍속과 목욕을 중시하는 풍습에서 신라인들의 영육일치 사상을 엿볼 수 있다.

3) 복식형태

당나라 복식이 수용되기 전에 신라의 복식은 대개 고구려의 영향을 받아 고구려에서 신라왕에게 옷을 내려 주었다는 내용이 비문에서 보이듯 백제와 신라, 고구려, 가야는 비슷한 복식을 형상하고 있다. 신라 초기의 의복제도는 그 색채를 자세히 알 수 없으나 법흥왕 때에 그 골격이 제정되다가 진덕왕 대에 김춘추가 외교책의 일환으로 당나라의 의례에 따라 복식을 모방하게 되면서 신라의 복식은 당의 복식과 거의 같게 된다.

귀족여성들은 당나라의 입음새를 따라 치마위에 저고리를 입었는데 유위에 상을 입고 반소매인 반비 혹은 배당에 표를 두른 모습으로 반비(배당)와 표는 당나라에서 들어온 것이다.

겉옷으로는 오늘날의 두루마기 형태로 예절을 갖출 때 입는 것으로 신분에 상관없이 다 입었지만 상류층의 것은 일반 서민들의 것에 비해서 소매 품이 넓은 것이 차이점이고 그 비중이 바지저고리에 비해 높지는 않다. 신라 귀족의 관복이자 공식석상에서 갖춰 입던 공복인 단령은 원래 서역계통의 호복이었던 것이 당나라를 거쳐 신라로 전래되어 계급에 따라 옷감과 띠에 차이가 생겼으며 명칭은 목 부분이 둥근 것에서 유래되었다.

바지는 남녀모두 입었던 것으로 보여지는데 남자는 저고리와 함께 밑에 입는 기본 복식이지만 여자의 경우는 치마 속에 입는 것으로 복식금지령에 여자가 입는 바지에 대한 규정도 있는 것으로 봐서 집에서 있을 때는 바지만 입었을 것으로 추측된다. 신라시대의 규정에서 진골대 등은 계수금과 이외의 모든 재료가 사용되었고, 6두품은 시, 견, 명주, 포, 5두품은 면서, 포, 4두품 이하 평민까지 포만 사용했다. 신라의 평민 남자들은 갈고라는 바지를 입었는데 갈고는 거친 베로 만든 바지를 가리킨다.

허리띠는 긴 저고리나 두루마기의 허리 부근에 두르는 띠로, 남녀 상관없이 두루 착용하였고 남자의 허리띠는 그 부속 장식에 대한 금제가 있는 것으로 보아서 윗옷을 허리에서 죄어 묶는 가죽 띠인 듯 하고 여자의 허리띠는 그것에 조가 달려있는 것으로 보아서 윗옷의 옷자락 위에 장식하는 색동 있는 띠인 듯하다. 남자는 단령과 복두 및 신발과 함께 조복에서 빠질 수 없는 것이었다.

4) 화장형태

신라는 백제·고구려보다 다소 늦게 문화를 발전시켰으면서도 화장 면에서는 두 나라보다 앞섰다. 신라인들은 아름다운 육체에 아름다운 정신이 깃든다는 영육일치사상에서 남성인 화랑들도 여성들 못지 않은 화장을 하고, 귀고리, 가락지, 팔찌, 목걸이 등 다양한 장신구로 장식하였으며 귀천에 관계없이 여성들이 향낭을 차고, 귓불을 뚫어 귀고리를 달고 장도를 지녔다.

꽃으로 연지를 만들어 이마와 뺨 입술에 바르고 백분 외에 산단(山丹:백합꽃의 붉은 수술)으로 색분((色粉)을 만들어 사용하였다. 특히 692년에 한 승려가 일본에서 연분을 만들어 주고 상을 받은 일이 있었는데 이는 신라의 화장품 제조기술이 일본보다 앞섰다는 사실을 의미한다. 또한 7세기경에 신라에서 이미 연분을 만들었다는 것은 세계화장품 발달사에 유례없는 대 발명이었다. 신라를 비롯하여 고구려, 백제에 4~6세기 경 불교가 전래되어 널리 신봉됨으로써 청정, 청결이 강조되고 목욕이 대중화되면서 목욕 용품의 발달로 쌀겨, 팥, 녹두, 콩껍질 등으로 비주를 제조하였으며 향수와 향료도 애용하였다.

5) 두식

신라의 두식으로는 쓰개가 있다. 쓰개는 머리를 보호하는 두의로서 발생한 것이며, 장식적, 신분의 표시 등으로 발전된 것이다.

우리나라의 벽화에 나타나는 두식을 살펴보면 절풍(折風) 계통의 나관, 소골 관 등이 있다.

절품은 고구려사람 대부분이 머리에 쓰던 보통의 모자이다. 벼슬하거나 신분이 높은 사람들은 자주색의 엷은 비단으로 만들어서 금, 은으로 장식하거나 새의 깃털을 꽂아서 장식하고 이를 소골이라 불렀다. 절풍과 소골은 대개 형태가 비슷해서 혼동되기 쉬울 정도로 흡사한 형태를 가지고 있어 신분에 따라서 절풍과 소골이 구분된 것인지 아니면 털의 유무에 따라 신분을 구별했는지는 확실히 알 수 없으나 소골이라는 이름은 솟은 갓(관모)이라는 말을 한자로 적은 것이라 했으며 그 형태는 대체로 고깔 비슷하게 생겼다.

〈그림 40〉 경주 교동 출토 금관, 한국미술 5000년

6) 장신구

신라의 장신구는 금·은·동·옥 등 각종 보주를 사용하였으며 이식, 경식, 천, 지환, 대금구 등이 있는데 이는 귀걸이, 목걸이, 팔찌, 혁대 등을 말한다.

① ② 출토지 미상, 국립 중앙박물관 소장.
③ 출토지 미상, 국립 중앙 박물관 소장.
④ 황오리 52호분 출토 금제 세환 이식, 국립 중앙박물관 소장.
⑤ 경주 보문리 고분 출토 금제 이식, 국립 중앙박물관 소장.

〈그림 41〉 신라의 이식

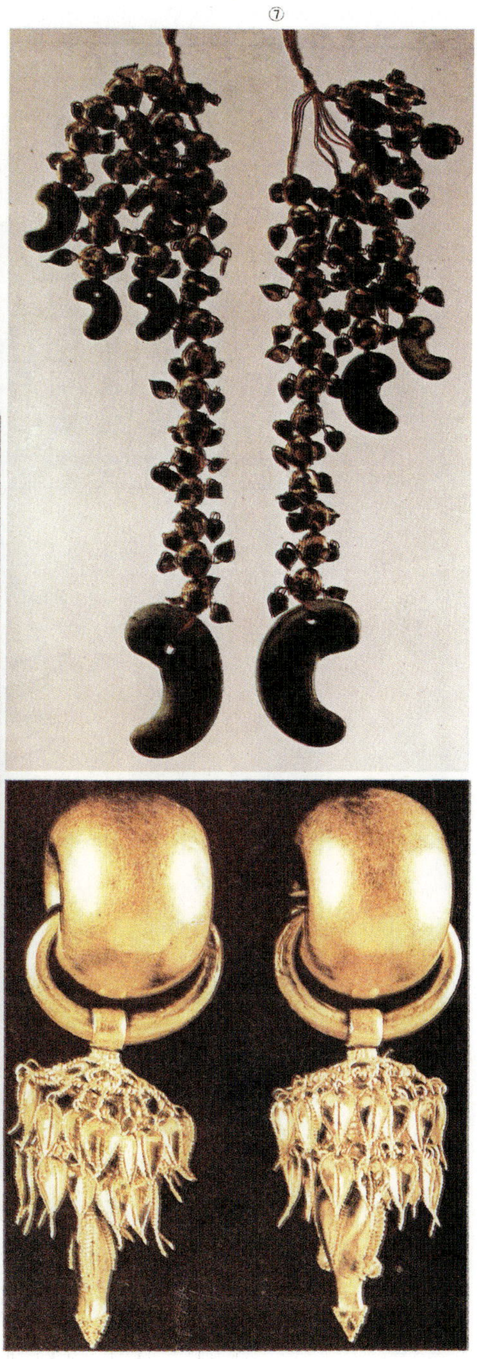

① ② ③ ④ 국립 중앙 박물관 소장, 금제 세환 이식.
⑤ 황남대총 98호분. ⑥ 신라의 이식.
⑦ 황남동 미추왕릉 4호분 출토. ⑧ 태환식 금제 이식.

〈그림 42〉 신라의 이식

① 황동 1호묘 출토 금천 ② 천마총 출토 금천 ③ 요패 ④ 경주 노서동 출토 경식

〈그림 43〉 신라의 장신구

7) 재현 및 따라하기

〈표 1〉 동심계

쌍영총

안학2호분

정면

뒷면

좌

우

〈표 2〉 동심계 따라하기 과정

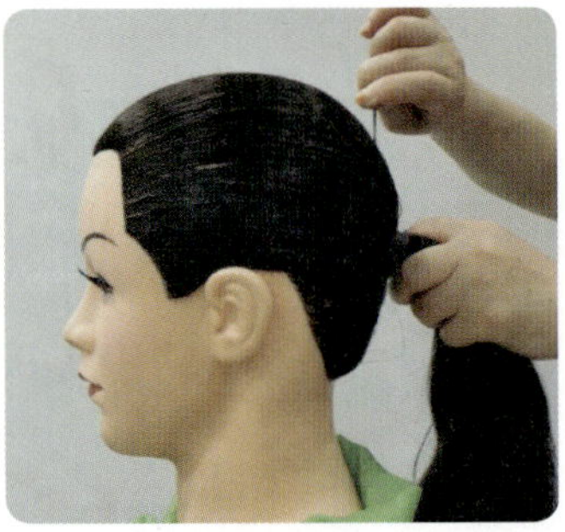

1. 옥시피탈본에서 포니테일을 한다.

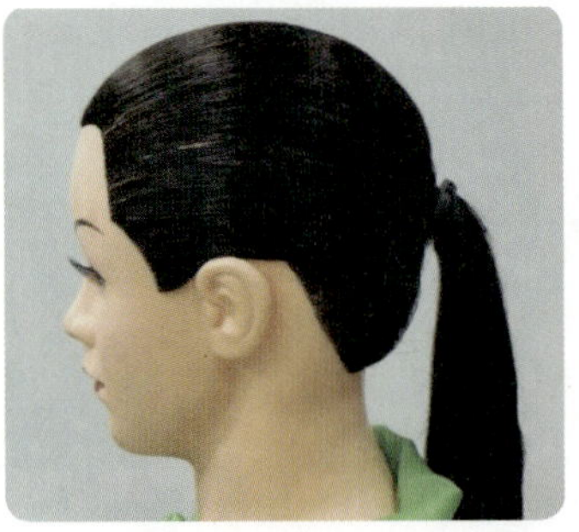

2. 포니테일완성한다.

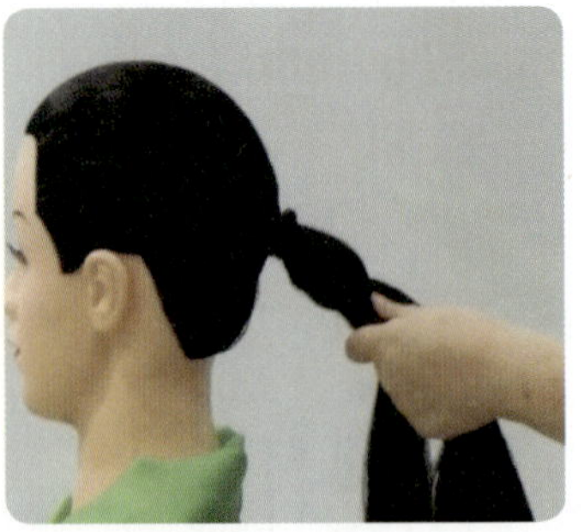

3. 두 갈래로 꼬아둔다.

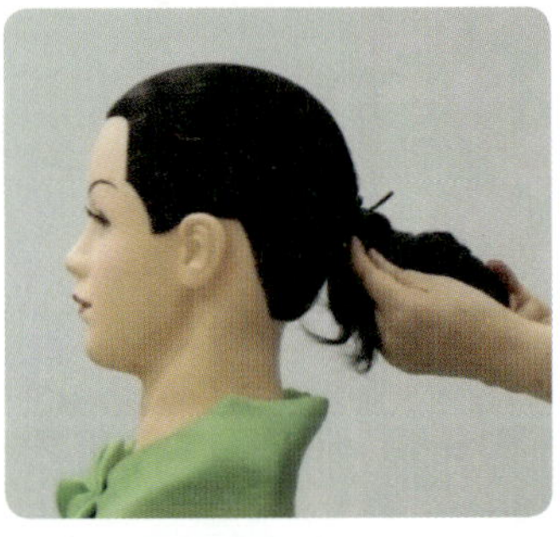

4. 6센티 정도에서 반접어서 모발 끝으로 반가름해 둔다.

5. 다른 가체로 한번 감아둔다.

6. 완성된 옆모습

〈표 3〉 반환계

무용총

정면

뒷면

좌

우

〈표 4〉 반화계 따라하기 과정

1. 이어 투이어 라인에서 탑 포인트에서 묶음을 준비한다.

2. 탑 부분을 빗어준다.

3. 빗질모습

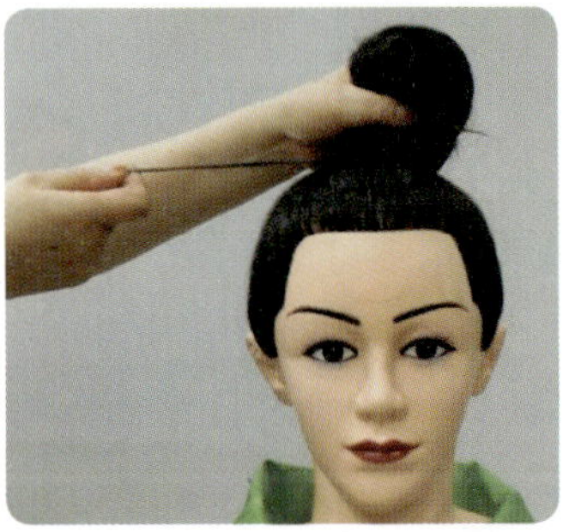

4. 포니테일 한다.

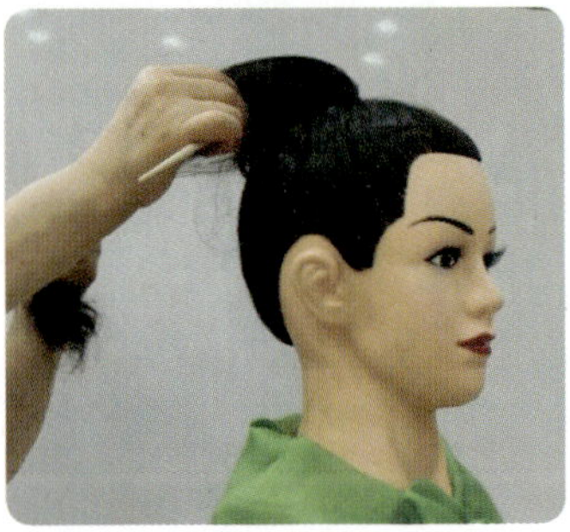

5. 빗머리부분으로 포니테일 한부분 중앙에서 티징해둔다. (거꾸로 빗질)

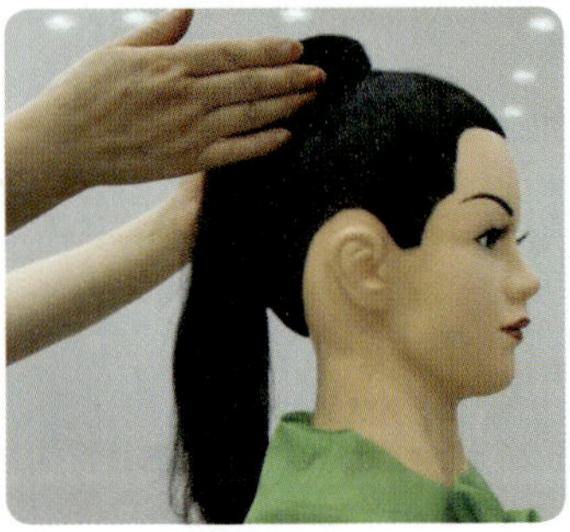

6. 티징한 부분을 중지에 감아서 고정해 둔다.

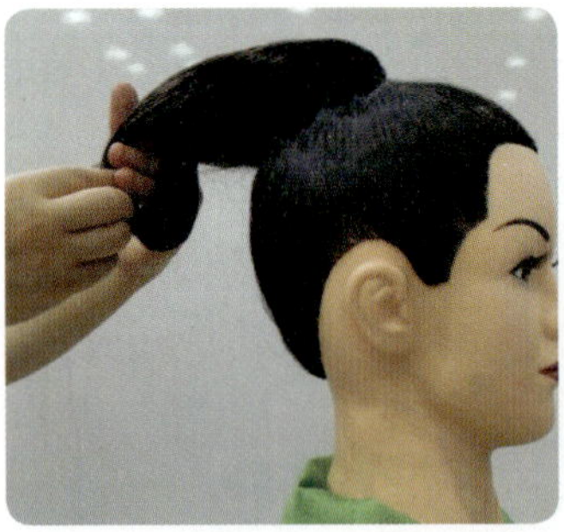

7. 중지로 감는다.

8. 감은 모발을 반달모양으로 고정한다.

9. 완성된 모습

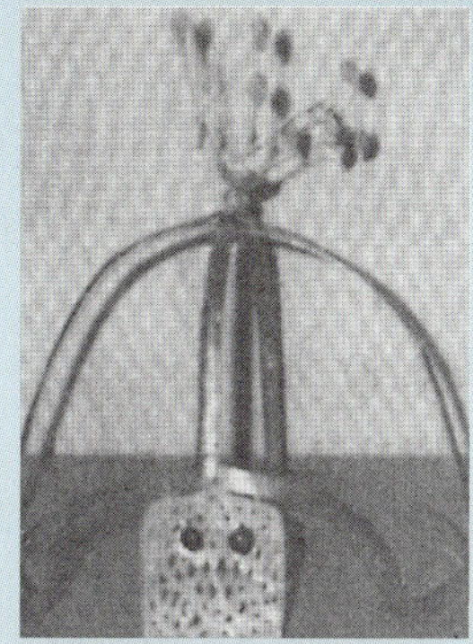

CHAPTER

04

통일신라시대에 **표현된 우리머리**

1 문화적 배경

삼국통일 이후 신라는 9주 5소경을 설치하고 고도의 중앙집권체계를 확립하였으며 영토 확장과 인구가 크게 늘어났다. 더불어 오랜 전쟁이 끝나고 대외 관계가 안정되어 생산력이 증대되었다. 신라는 중요한 정치적 변화로 무열왕 이후 왕권이 강화되었다. 최초의 진골 출신의 왕으로 통일전쟁을 치르는 과정에서 왕권 강화을 위해 직계 자손만이 왕위를 세습하였다. 신문왕 때는 녹읍을 폐지하고 김흠돌의 묘역사건을 계기로 귀족세력들에 대한 숙청을 가하였다. 이후 기밀사무를 관장하는 시중의 기능을 강화하고, 진골귀족 세력을 약화시키고 왕권이 전제화될 수 있는 바탕을 마련하였다. 그리고 유학교육을 위해 국학을 설립하였으며 진골 귀족과 대결 세력이었던 득난세력(6두품)이 왕권과 결탁하여 상대적으로 부각되었다. 골품제는 유지되었고 진골귀족의 고위직 독점은 여전하고 섬세하고 화려한 불교 유적과 유물들이 건축, 제작된 시기이기도 하다. 한편 신라는 해상무역을 통해 여러 국가들과 교역을 하였다.

대표적인 예로 장보고의 무역활동으로 청해진을 중심으로 한 장보고의 해상무역은 황해와 남해 일대를 독점하였고 그 영향력이 신라 내부 정체에 미치게 되었다.

신라의 교역은 주로 상업이나 외교 활동과 신라의 주 교역상대는 당나라와 일본이였다. 발해와 교역도 바닷길을 통해 아랍과도 활발한 교역이 이루어졌다.

수출품은 당나라는 비단, 마포, 금, 은, 인삼, 약제, 말, 모피, 공예였고 일본은 금, 은, 철, 모직, 서적, 놋쇠, 식기이고 수입품은 당나라는 비단, 약제, 공예, 서적이였으며 일본은 풀섬, 견직물이었다.

삼국사기의 기록에서는 670년부터 779년까지 한 세기 동안 신라 사신들이 일본에 39차례나 파견되었으며 같은 기간에 일본 사신들은 신라를 25차례 방문했다.

정치 변동과 세력의 성장을 살펴보면 자연 재해가 많았으며 왕족과 귀족의 사치와 향락으로 국가재정이 바닥나면서 백성들에 대한 강압적인 수취가 뒤따르고 살기가 어려워진 백성들은 토지를 잃고 노비가 되거나 도적이 되기도 하였다. 이에 중앙정부에 대한 불만이 높아지고 지방에서 반란이 시작되었다. 청해진 (완도) 덕성진(남양) 혈구진(강화) 등이 그것이며 그 중 흥덕왕 3년(828년)장보고가 설치한 청해진이 가장 대표적인 무역항을 설치하였다. 해적 출몰의 방비는 물론 국제 무역을 시작하여 황해의 왕자가 되었으며 다시 중앙의 정치에도 관여하였다. 장보고의 경우와 유사하게 지방에서 일정한 지역에 대한 실질적인 지배권으로 대를 이어가며 행사하는 세력가들이 이 시기에는 수없이 많이 나타나게 되었다.

후삼국의 성립과 신라의 멸망을 보면 10세기 견훤과 궁예는 신라 말기의 혼란을 틈타 독자적인 정권을 수립하였다. 실제로 태조는 후백제가 신라를 공격하자 고려군을 파견하여 신라군을 도와 후 백제군과 같이 맞서 싸움으로써 신라인들의 신망을 얻었다. 이에 경순왕의 자진 항복을 받아내어 신라를 손쉽게 정복하였다.

〈그림 1〉 불국사연화교와 칠보교

〈그림 2〉 불국사삼층석탑

〈그림 3〉 불국사비로자나불자상

〈그림 4〉 불국사다보탑

2 머리형태

〈그림 5〉 하외주 소장, 목조 여인상, 두상

출처 : 한국의 복식문화, 임영미, 경춘사, p.223 (도5-23)

통일신라시대는 당나라와의 교역으로 다양한 머리가 유입되었으며 쪽머리에 커다란 가체를 올린 얹은머리가 유행하였으며 선덕여왕 22년에 다래가 유행하였다. 흥덕왕때 즉, 고구려 백제 복속 후 150년에는 상류층 여성뿐만 아니라 일반 여성들도 사치가 심했기 때문에 복식 금지령을 내리기도 하였다.

황성동에서 발견된 토용의 머리모양은 높이 올린형태의 머리모양이며 용강동 귀족 남성은 삼각뿔 모자를 쓰고 황성동 귀부인은 정중선 가리마를 백 포인트까지 처리하고 귀를 완전하게 덮어서 후두 중간에서 묶어 오른쪽으로 비틀어 결발한 모양으로 고귀하고 도도한 자태를 나타내고 있다. 용강동 귀부인은 높이올린 고계형식이며 용강동 석실고분의 관리는 수염을 정리하고 쌍계식의 머리모양이며 4두품 이상의 부인들은 머리를 탑 포인트 부분에 놓이도록 묶고 머리모양을 둥글게 말아 처리한 후 양쪽에서 꽂이로 고정을 하였으며 이마에는 금색대식을 하였다.

동천동 마애삼존불좌상 벽화는 중국 위나라 시대의 추마계와 비슷한 머리모양을 하고 있다. 또한 중앙아시아 우즈벡공화국 사마르칸트 궁전1호실 서벽 벽화는 신라 하급관리 사절단을 둥근 깃의 저고리, 허리는 대구가 달린 혁대에 좁은 바지, 머리모양은 옆가리마 한 후 추계형의 새의 깃털을 장식한 것을 볼 수 있다.

가체를 사용한 얹은머리를 하여 비녀와 오색찬란한 자개방식의 꽂이로 머리를 화려하게 장식하였다. 비녀로 신분과 품성을 은근히 표출하고 또한 귀족은 당나라에서 수입한 거북의 껍질로 장식한 빗과 옥잠, 봉잠, 용잠, 산호, 호도, 석류잠 등의 여러 가지 모양의 비녀로 사용되었다.

이와 같이 통일신라시대의 머리형태는 더욱 화려하고 높아졌을 것으로 나타내고 있으며 두식 또한 화려했음을 입증하고 있는 빗을 보면 추측할 수 있다.

3 복식형태

〈그림 6〉 1986년 8월, 8세기 중 · 후반, 고분출토 도용
문관상 3점, 무관상 3점, 여관, 시종 등 15건, 男待 7건

〈그림 7〉 하외주 소장, 목조 여인상

〈그림 8〉 반가사유상

1) 남성복식

남성복식은 깃이 둥군 단령에 머리에는 복두라는 모자를 쓴 차림이 대개 통일신라시대의 관리복. 머리에 쓴 복두는 네 가닥의 끈이 달린 모자로 산봉우리를 연상하는 모양, 통일신라시대의 복식은 일반 남성들은 관리들과 마찬가지로 둥근 깃의 단령을 입었으며 머리에는 복두나 삼각뿔 모자를 쓰고 있다.

겉옷이라 불리는 단령 안에는 바지를 입었고 나팔처럼 살짝 벌어지는 형태이며 바지 끝에는 대님이나 끈 등으로 여미지 않았던 것으로 보인다.

2) 여성복식

여성복식은 표라고 하는 숄과 겉옷의 표의로 더해 입었으며 통일신라시대 여성복의 기본 형태는 단의, 표상이라고 하는 상, 하의 두르거나 표의를 입었다. 표는 지금의 숄과 같이 어깨 등에 걸쳐 입던 것이며 표는 일반 여성들은 두를 수 없었지만 4두품 여성까지는 사용 할 수 있었다. 특히 왕비의 표는 금·은사나 실크로드의 여러 지역에서 수입한 청보반새 깃털이나 공작새 깃털로 수놓아 장식 할 정도로 호화로웠다.

통일신라는 여성들의 상의로 입던 단의는 앞길이의 모양을 분명하게 파악할 수 없지만 소매의 크기나 형태로 신분을 달리 표현한 것으로 보인다.

또한 표를 두른 여인상은 옷소매가 부리로 갈수록 넓어지고 풍성하다, 가슴은 네모지게 파인 형식, 가슴에서 맨 허리띠를 길게 늘어뜨려 장식적인 효과를 극대화 하였다. 허리띠를 겉으로 드러나면서 통일신라시대 여성들은 그 어느 시대보다 허리띠 장식에서 더 많은 정성을 기울였다.

4 화장형태

화장형태는 중국의 영향을 받아 통일이전의 엷은 화장에서 다소 화려하고 백분에 붉은 색을 염색한 색 분을 만들어 써서 화장품 질을 높였으며 보다 화려한 화장법이 유행하였다. 중국의 여인들이 짙은 색으로 화장을 하였으며 의상과 아울러 화장이 화려해 졌을 것으로 추측되고 중국과도 무역의 교류가 있었다는 것을 알 수 있다. 신라의 한 승려가 일본에서 연분을 제조할 만큼 신라에서는 연분의 제조기술이 보편화되었다.

5 두식

통일신라시대의 두식을 살펴보면 두식에관한 복지금지령에 표현된 복식 조항이 있다. 두발장식인 소(梳, 빗)와 차(釵, 머리꽂이)에 관한 령이 있는 것으로 보아 매우 화려했을 것으로 추측된다.

① 하외주 소장, 목조 여인상, 앞가르마 고계, 잠식. 金色帶飾, 앞이마 중심, 양 이마 옆에 각각 1개씩, 3개의 花樣飾.
② 경주 불국사 사리탑, 범천상.
③ 7-8세기경, 경주지방 출토, 성모 마리아상, 고계.
④ 경주 출토 여인상, 앞중심 가르마, 뇌후 계.
⑤ 8C. 중, 후반 고묘 출토 여자, 고계,
⑥ 효성 여자대학교 소장, 여자, 고계 혹은 관모.
⑦ 경주 안압지 출토, 금동판 투조 비천상, 고계, 머리태 장식.
⑧ 경주 안압지 출토, 금동판 투조 비천상, 고계.
⑨ 7세기경, 木造 명기, 추정 뇌후 계.

〈그림 9〉 여자 발양 및 두식

6/ 장신구

장신구에는 금관, 비녀, 빗 등이 있다

〈그림 10〉 남국 신라 여자 두식 '보요' (1)

〈그림 11〉 남국 신라 여자 두식 '보요' (2)

〈그림 12〉 채, 슬슬전과 다른, 꾸민 빗(장식용 빗), 소규모 步搖飾 (1)

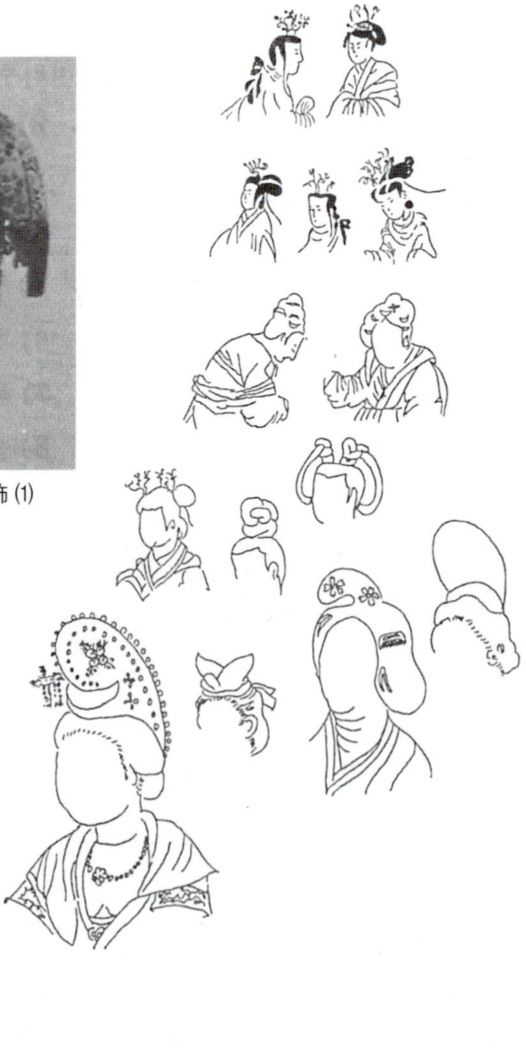

〈그림 13〉 당대의 여자 발양 및두식

7 재현 및 따라하기

〈표 1〉 화계

	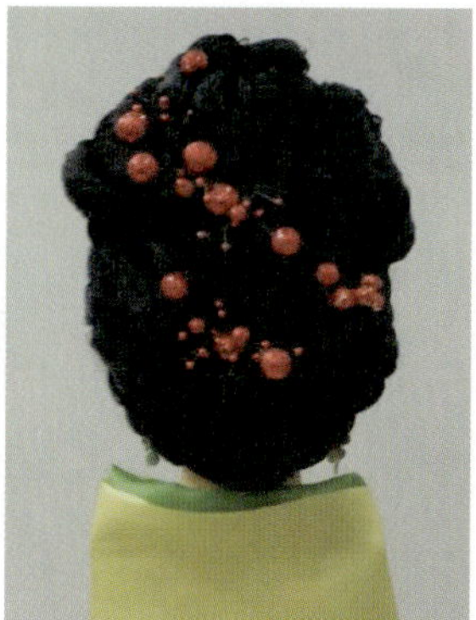		
정면	뒷면	좌	우

<표 2> 화계 따라하기 과정

1. 올백을 하여 네이프에서 한뭉치로 틀어서 고정한다.

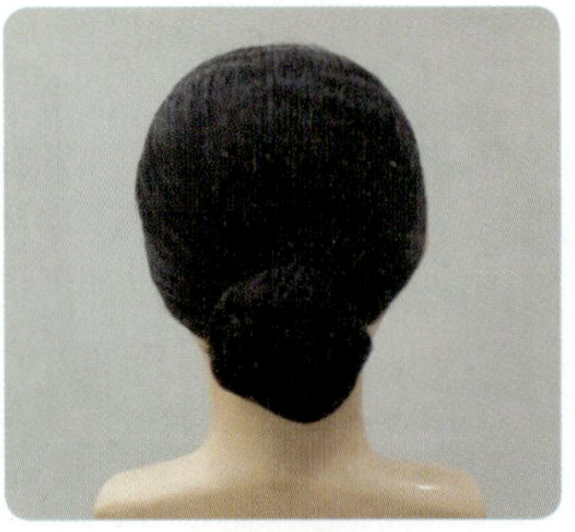

2. 가체를 세바퀴, 네바퀴 둘러서 고정해둔다.

3. 앞 위에 가체를 한번돌려 셋팅한다.

4. 셋팅완성

5. 뒷모습완성품

6. 측면완성품

CHAPTER

05

고려시대에 **표현된 우리머리**

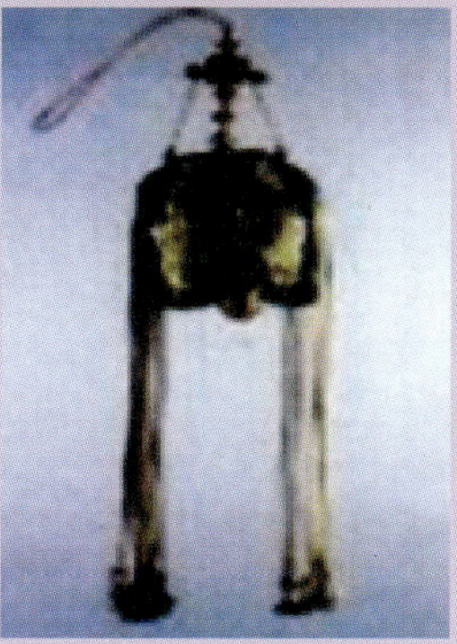

1 문화적 배경

우리나라 미용 문화사의 변천은 동시대의 중국의 영향을 받았으며 우리 고유의 미용문화에 중국의 미용문화를 접목시켜 발전하여 왔다. 고려 미용문화에 영향을 미친 중국대륙의 국가로 5대 10국과 송, 거란(요), 금(여진) 그리고 원(몽골), 명이 있다. 이들 국가는 고려 500年 동안 흥망성쇠를 거듭하며 고려사회에 직·간접적으로 영향을 미쳤다. 그 중에서도 가장 영향을 끼친 나라로 원을 들 수 있는데 고려는 원의 간섭이 있기 전과 간섭이 시작된 후의 문화형태를 나눌 수 있을 정도로 지배적으로 영향을 끼쳤다고 할 수 있다.

1) 원 간섭기 이전

고려 초기의 미용 문화는 신라초기에 생성 된 미의식인 영육일치(靈肉一致)사상 즉 깨끗한 육체에 아름다운 정신이 깃든다고 믿는 사상이 전승 되었다.이러한 사상들은 화장술과 화장품 제조 기술의 발달을 가져왔는데 각 관아에 거울과 빗 제조 기술자도 포함한 각종 기술자가 배치되어 있기도 하였다. 이와같이 당의 영향을 받았던 신라의 미용양식을 계승한 것으로 보아 사회전반의 모든 분야에서 삼국시대의 제도가 지속되었을 것으로 생각된다. 이러한 추정은 아래와 같은 『삼국사기(三國史記)』 기록을 통해 확인할 수 있다.

> '태조는 천명을 받아 나라를 이룩한 다음 국가의 모든 법도는 신라의 옛 것을 많이 인습하였으니, 조정사녀(朝廷士女)들의 의상은 김춘추가 당에서 청하여 온 유제(遺制)와 같으며…… 지금의 부인 예복 또한 당의 구제(舊制)이다.'

위의 기록에서 확인할 수 있듯이 고려초기의 미용양식은 삼국의 고유한 미용양식에 신라가 당에게 먼저 종속국이기를 자처해 관제 등을 당으로부터 수여 받아 변화된 〈청사관복(請賜冠服)〉과 복식의 사치를 금하고 복식에 따른 신분의 구별을 위하여 만든 제도인 〈흥덕왕 복식금제(興德王 服飾禁制)〉의 영향을 받아 형성된 삼국시대 미용양식과 유사하였을 것으로 보인다. 또한 『고려사(高麗史)』에 가체와 관련된 다음과 같은 기록이 남아있다.

'장발자(長髮者)만 보면 반드시 그 머리털을 깎아 체(髢)를 만드니 많기가 두 짐이나 되었다.'

이 기록은 두식을 장식하기위해 만들어지는 가체의 소요량이 매우 많았으며 운고(雲髻), 잠운고(簪雲髻), 운진(雲鬒) 등의 머리모양의 명칭은 가체를 이용한 구름 모양의 확대된 두발형태를 말해주고 있다.

또 『삼국사기(三國史記)』, 『고려사절요(高麗史節要)』 등에도 기녀의 출현에 대한 기록이 있는데 고려시대 기녀는 실제로 교방 및 지방 관청에 소속되어 주로 궁중의 의례나 사신의 접대 등 국가적인 행사에 참여할 뿐만 아니라 문인들 내지 민간에서 유행하던 음악을 궁중에 유입하는 역할을 일정 부분 담당하였으며, 교방에 속한 기녀들은 대개 각 지방 소속 기녀들을 중심으로 하였으며 그 밖에 관비, 무당 가운데 빼어난 용모와 뛰어난 기예를 갖춘 여성들로 충원되었다.

주로 높은 귀족들의 사랑을 받았다는 기록으로 보아 매우 화려하고 사치스러운 풍조를 형성하였을 것이며, 이는 무신 정권과 맞물리면서 화려함의 극치를 보여주는 계기가 되었을 것으로 생각된다. 기녀 문화는 화장기법에서도 이원화를 보이기도 하였다.

이와같이 고려시대 초기의 미용문화는 교역이 활발히 이루어져 상업이 발달하여 화폐가 유통되고 여러 나라의 문화를 흡수하면서 당나라의 농염하고 화려한 색채의 반동으로 청아하고 우아한 아름다움을 추구하였던 송과의 교류를 시작하면서 더욱 화려해 졌으며, 신분이나 연령과 무관하게 다양하고 화려한 미용 양식들로 보인다.

2) 원 간섭기 이후

초기 통일 신라와 송의 문화를 대부분 답습한 미용문화와는 달리 중기에 이르러서는 고려만의 독자적인 미용문화를 완성시켜 나갔다. 당의 영향을 받은 신라의 화려함이 아니라 다양한 문화를 흡수한 고려의 화려함을 드러냈으며 고려 제23대 고종 때 원의 간섭을 직접적으로 받으면서 관제, 풍속 등에 있어서 여러 변화를 겪게 되었다. 원의 간섭으로 인한 고려의 변화는 우리나라 역사상 정치, 경제, 문화 등에 걸쳐 막대한 손실을 가져왔으며 왕실이하 귀족, 양반 계급에서는 향원심(向元心)에 사로잡혀 스스로 몽골풍을 쫓는 수치스러운 풍조가 나타났다. 이러한 과정에서 원의 문화가 직접적으로 고려의 왕실에 유입되어 몽골풍을 낳았는데 그 대표적인 예가 개체변발(開剃辮髮)이다. 개체변발(開剃辮髮)은 중간에 머리를 남기는 형태로 '겁구아(겁련구怯憐口)'라고 불리기도 하였는데 머리 변두리를 깎고 정수리 부분의 머리털만 남겨 땋아 늘어뜨렸기 때문에 가체를 사용하기도 하였다. 가체는 원에서 시집 온 왕비들에 의해 대부분 전파된 것으로 왕실을 중심으로 귀족층까지 빠른 속도로 퍼져나갔다.

당시 가체는 사치의 일종으로 머리의 높이에 따라 부유함과 신분의 상징으로 표현되어졌으며, 경제적 여유가 없는 양인들은 가체를 사용할 수 없었던 것은 당연한 일이었으며 충렬왕 4년에 일반 서민보다는 출세를 갈망하는 관료들 사이에 유행했다가 원의 힘이 약해진 공민왕에 이르러서야 사라졌다. 이 밖에도 충렬왕이 공주를 위해 원에서 가져왔다는 진주의(眞珠衣), 원에서 황제 이하 각 관원이 입었던 질손(質孫)등이 있으며, 저고리 길이가 짧아지면서 대가 없어지고 대신 고름이 생긴 것, 족두리, 도투락댕기, 은장도, 신부가 귀에 고리를 걸고 빰에 연지를 찍는 것 등이 몽골풍의 예이다.

또한 머리 염색이 서민 사회까지 확산되었는데 그 재료로는 숯, 재, 옻나무 등이 있었으며, 백모를 드러내지 않기 위해 사용되었다. 이처럼 몽골의 풍속이 우리나라에 전해져 유행하게 된 것을 몽골풍(蒙古風)이라 하고 반대로 고려인이 원으로 가면서 전해진 고려의 의복을 비롯한 기물, 음식 등이 원에서 고려양(高麗樣)을 형성하기도 하였다.

고려 말에 이르러 원의 세력이 급속히 쇠퇴되자 공민왕 18년(1369)에 원의 지정연호를 정지한 후 홍상재(洪尙載) 등을 명(明)에 보내어 명 태조의 등극을 치하(致賀)하고 사은표(謝恩表)를 올리는 동시에 제복을 청하는 등 배원정책과 친명정책을 동시에 실시하였고 이러한 정책은 조선까지 이어졌다.

2 머리형태

1) 추마계(墜馬髻)

중국에서 추마계(墜馬髻)는 타마계(墮馬髻)라 하였으며 넓고 나부끼는 듯하며 비스듬하게 두르고 말에서 떨어졌을 때와 같이 늘어진 모양과 같다고 해서 붙여진 것이다. 이는 가체를 이용하여 높고 화려하게 만드는 형상을 말하는 것으로 머리카락을 위로 올려 계를 만든 것이 옆으로 기울어진 상태로 약간 흔들거리는 형상을 말한다.

그 모양은 한나라 때 처음 만들어져 전해진 것으로 고려의 무희들이 즐겨하던 추마계(墜馬髻) 머리 형태 이며 당을 거치면서 더욱 커지고 장식도 화려하게 변화 하였으며, 송 까지만 해도 변하지 않던 계(髻)의 모습은 명나라 시대에 들어서면서 수발처럼 뒤로 내려졌고 청나라까지 지속되다가 상류층에서 유행하다가 당, 송을 거치면서 일반 서민들에게 널리 유행되었다.

이러한 사실들을 확인할 수 있는 기록들을 살펴보면 『고려도경(高麗圖經)』에 「숭녕(송 휘종의 연호) 연간에 송나라의 종신(從臣)유규(劉逵)와 오식(吳栻) 등이 사명을 받들고 고려에 갔을 적에 칠석(七夕)을 만났다. 마침 관반사(館伴使:외국사신을 접대하는 관리)유신(柳伸)이 무악(舞樂)하는 기녀를 돌아보며 정사, 부사에게 말하기를 “우리나라는 머리를 빗어 늘어뜨리니 필시 옛 추마계(墜馬髻)인가 합니다.”하매 유구 등이 대답하기를 “추마계(墜馬髻)는 동한(東漢) 양기(梁冀)의 처 손수(孫壽)가 한 것이니 본받을 만한 것이 못되는 것 같소이다.”하니 신(伸) 등이 그렇게 여겼다. 그러나 지금에 이르기까지 이를 고치지 못하니 아마 이는 그 옛 풍속의 추결(推結: 머리카락을 몽치(짤막하고 단단한 몽둥이) 형태로 맺음)로 말미암아 그런 것이 아니겠는가?」라고 하는 문구가 있으며, 또 중국에서는 이현(李賢)이 『후한서(後漢書)』 ‘풍속통(風俗通)’을 인용하여 주(註)에서 말하길 “추마계(墜馬髻)란 한 곳으로 쏠린 것이다.” 이런 형태의 머리는 부녀자들에게 사랑스런 모습을 증가시킨다 하였다. 추마계의 머리 모양은 〈미륵하생경변상도〉라는 불화에서도 보이는데 왕비와 후비의 시녀들의 머리는 한족(漢族)의 머리 형태가 그대로 나타나고 있으며, 머리장식을 화려하게 치장하고 있는데 이 것 또한 송 시녀들이 화려하게 치장했던 추마계(墜馬髻)의 머리 형태를 보여주는 것으로 생각된다.

〈수월관음도(水月觀音圖)〉에도 송 시녀들의 화려한 추마계 형태를 볼 수 있는데, 〈수월관음도(水月觀音圖)〉는 왕실의 안녕을 위해 시주용으로 그려진 불화로 왕비의 모습과 시녀의 모습이 그려져 있다. 시녀의 머리는 추마계(墜馬髻)로 원래는 솟구친 부분이 옆으로 기울어 있고, 흔들거리는 형상이었지만 한나라 때 생긴 이래로 조금씩 변화하면서 원의 영향으로 변형되어 고려까지 온 것으로 보인다.

〈그림 1〉 한희재야연도

2) 아환계(丫鬟髻)

아환계(丫鬟髻)는 중국에서는 이미 고전머리로 정착되어 한나라 때는 물론 당을 거치고, 5대, 송을 거치면서 우리의 댕기머리처럼 젊은 여성들이 보편적으로 했던 머리모양이었던 것으로 보아 고려시대에도 존재하였고 조선시대까지 그 머리 형태가 전승되어졌으리라 추정되는 대표적 머리 모양 중 하나이다. 그 이유 중에 하나가 조선시대의 '낭자쌍계(雙髻)'와 그 형태가 유사하기 때문이다. 낭자란 쪽머리를 일컫는 것으로 이는 머리를 땋아 머리 뒤에서 좌우로 갈라 두 개의 쪽을 진 형태를 말한다.

아환계(丫鬟髻)의 변천은 송 때에 와서 가장 다양한 모습을 보여주었는데 한 개 혹은 두 개로 발전되다가 송 때에 와서는 세 개까지 변해 쌍아계(雙丫髻)에서 삼아계(三丫髻)로, 단환계(單鬟髻), 쌍환계(雙鬟髻)에서 삼환계(三鬟髻)로 변해갔다. 또한 아환계(丫鬟髻)는 올린 형, 내린 형, 혼합형이 모두 보이고 있으며, 아환계(丫鬟髻)의 아(丫)는 글자 모양 그대로 가닥 아(丫)자인데 가닥이란 다름 아닌 나뭇가지 아귀를 뜻하며 아계(丫髻)와 환계(鬟髻)로 나누어 설명되기도 하지만 그 모양이 비슷해 보이기 때문에 한 무리로 보는 것이 타당할 것이다. 아계(丫髻)는 계(髻)의 가운데가 비어 있지 않다. 즉 고리모양으로 되어 있고 계를 높이 솟구치게 하지만 환계(鬟髻)는 속이 비어 있으며, 귀 밑이나 목으로 내리는 경우도 있다.

아환계(丫鬟髻)의 대표적인 머리모양의 형태를 찾아볼 수 있는 유물로 2000년 9월 경남 밀양시 청도면 고법리에서 발굴된 고분벽화로 고분의 주인공은 고려 말 예부시랑(禮部侍郞), 사

〈그림 2〉 밀양 고법리 박익 벽화묘

재소감(司宰少監) 등의 벼슬을 했던 송은(松隱) 박익(朴翊) 선생이다. 벽화의 동벽과 서벽에 북쪽으로 향하여 무리를 지어 걸어가고 있는 형상이며 고려 말의 생활 풍습 연구 등에 중요한 자료로 활용되고 있다.

이 벽화에는 환계(鬟髻: 둥근 모양)를 양쪽 귀밑으로 내리고, 머리위로는 아계(丫髻: 두 가닥으로 땋은 머리)처럼 보이는 형태를 하고 있는 머리 모양과 머리 위에 단환계(單鬟髻: 하나의 쪽진 머리)를 올리고 양쪽 귀밑으로 동그랗게 포개어 감은 형태를 하고 있는 머리모양, 양쪽 귀밑으로 동그랗게 감은 형태를 하고 머리 위에 연꽃처럼 보이는 작은 꽃으로 장식한 머리모양 등 여러 형태의 아환계를 보여주고 있다.

3) 쌍수계(雙垂髻)

원에 전해진 고려양의 대표적인 머리 형태가 '쌍수계(雙垂髻)'이다. 이는 원의 묘에서 많이 발견된 고려인들의 머리모양으로 원 여성들이 모방함으로써 원의 머리모양으로 변모된 것 중 하나이다.

쌍수계(雙垂髻)는 쌍계(雙髻)를 아래로 내려 만든 머리 모양으로 귀 위에서 아래로 굵은 계(髻)를 늘어뜨린 머리 형태로 내린다는 의미로 '수(垂)'를 쓴 것으로 보이며, 모양은 두발이 어느 정도 자랄 때까지 임시로 묶어 머리 좌우 관자놀이 가까이에 두 개의 발두(髮頭) 즉 계(髻)를 솟게 한 것으로 머리 양쪽 귓가에 모발을 묶어서 내리는 쌍계(雙髻) 모양의 쌍상투에 포함된다.

수발 상태를 그대로 늘어뜨리거나 땋아서 늘어뜨리는 형식 즉 쌍수계(雙垂髻)처럼 계(髻)를 만들어 올리지 않고 늘어뜨리는 형식은 이미 당나라와 송나라를 거치면서 크게 유행했던 머리 형태이다.

또 아이가 처음 태어나서 자라는 대로 두었다가 백일 쯤에 남녀를 구분하여 남자의 머리모양인 각(角)과 여자의 머리모양인 노(盧)로 나누어 쌍상투를 했으며 동남, 동녀가 예(禮)를 갖추기 위해서는 머리털을 감추는 권책(卷責)과 넓은 수건인 폭건(幅巾)을 썼다. 성인들은 두발을 길러 하나로 묶는 단발(單髮)을 했으나 쌍발(雙髮)은 동자들의 머리 형태로서 총(總)으로 머리카락을 묶는 것을 총각(總角)(아이들의 두발을 양쪽으로 갈라 뿔 모양으로 동여맨 머리)이라고 했다.

쌍상투 소위 쌍아계(雙丫髻)는 여아의 두발장식으로 두부에서 가르마를 반으로 갈라 두발을 정수리 쪽으로 빗어 위에서 묶어 준 형태의 쌍수계(雙垂髻)이며 쌍상투와 같이 결혼하지 않은 여자의 두발장식이다. 이상의 쌍상투와 쌍수계(雙垂髻)는 모두 미혼녀의 두발장식이며 쌍상투가 좀 더 나이가 어린 여자아이의 두발장식이라고 하겠다.

이 같은 사실을 뒷받침해주는 자료로는 고려 말 불화 중 〈관경변상도(觀經變相圖)〉의 일부 중

불공을 드리는 명부 층 여성의 머리모양에서 확인 할 수 있다. 〈관경변상도(觀經變相圖)〉는 충숙왕 10년인 1323년에 설충이 그린 것으로 현재 일본 지은원(知恩院)에 소장되어 있으며, 〈관경변상도(觀經變相圖)〉는 관경(觀經) 즉 〈관수무량수경(灌水無量壽經)〉의 내용을 그림으로 표현해 놓았다고 해서 붙여진 이름이다.

〈관경변상도(觀經變相圖)〉에서 보이는 쌍수계는 환(鬟)이나 계(髻)를 늘어뜨린다거나 귀 아래, 목 쪽으로 늘어뜨려 쌍계식(雙髻式), 나계식(螺髻式)으로 묶는 형식 등이 모두나타나고 있다. 고유의 쌍계(雙髻)는 위나 아래에 똑같은 모양으로 놓여 진 형식인데 원의 쌍계(雙髻)와 만나 더 커지고 늘어진 형태가 된 것으로 추정되며, 쌍수계(雙垂髻)가 고려 말까지 남아 있었다는 것은 원나라 사람들의 선택에 의한 것이 아니라 고려 여인들의 미의식에 의해 전승되어진 것이라 하겠다.

〈그림 3〉 관경십육관변상도

4) 조천계(朝天髻)

조천계(朝天髻)는 가체를 이용한 대표적인 머리 모양중의 하나로 송 이전 5대 말부터 이어온 것으로 송이 개국하면서 들어와 궁중에서부터 시작하여 부녀자들에게 널리 퍼져 큰 유행을 일으켰던 머리 모양 중 하나이다.

중국 역대 부녀 장식(中國 歷代 婦女 裝飾)에 의하면 머리모양 이름에 조천(朝天)이라는 명칭이 붙은 것은 하늘을 향해 올려 져 있는 형상에서 붙여진 이름이며 머리카락을 모두 머리 정상으로 빗어 올린 다음 원기둥 모양의 계(髻) 두 개로 그 모양이 만들어졌으며, 두 개의 계(髻),를 모두 앞쪽으로 기울인 후 가능한 한 높게 올렸던 것으로 보여 진다. 또한 높이 솟아오른 계(髻) 밑으로 빙 돌려서 비녀와 꽂이 같은 머리꾸미개를 사용하여 고정하였으며, 장식적인 역할도 함께 하였고 가체의 높이에 의한 신분 차이로도 표현되었다.

가체는 조천계(朝天髻)가 유행할 무렵 송 여인들 사이에는 대유행이었으며, 머리모양에 따라 만들어진 가발을 말하는 것으로 부녀자들이 앞 다투어 머리를 높게 하자 비난과 우려의 목소리가 높아져 개국 30년쯤 후인 태종 5년에는 부득이한 경우를 제외하고는 사용을 금하기까지 하였으나 당시 조천계(朝天髻)는 기녀들 사이에 크게 유행했기 때문에 머리모양을 하지 못하도록 금지한 조치는 지켜지지 않았다.

〈그림 4〉 제목미상

이러한 가체의 풍습은 『북학의(北學議)』에 나와 있는데 '가체는 몽골 풍속에서 온 것이다.'라고 하여 몽골에서 들어온 풍습임을 밝히고 있다. 이와 같이 가체의 사용은 고려시대 머리모양을 꾸미는데 있어 빠지지 않는 장식품 이상의 것이었으며, 크고 풍성한 머리를 만들기 위해 본머리만으로는 머리를 화려하게 치장할 수 없었기 때문에 가체를 많이 사용하여 그 위에 머리장식에 쓰이는 장신구들을 사용하여 머리모양을 크고 풍성하게 표현하였다.

5) 고계(高髻)

고계(高髻)의 머리 형태를 확인 할 수 있는 가장 대표적인 것은 노국공주의 영정에서 찾아 볼 수 있다. 노국 공주는 인덕황후 원나라 종실위안의 딸이며 본명은 보탑실리로 서울시 마포구 창천동 공민왕 신당에 보존되어 있다. 공민왕이 원나라에 입조해 있던 1351년에 시집왔으며 능은 운암사 동쪽에 마련되어 있고 능호는 정릉이라 하였다. 공민왕(1330-1374년) 신당에 있는 노국공주 영정의 머리 형태를 살펴보면 가체머리를 크게 올리고 장식 띠로 머리 아래를 받쳤는데 이는 명나라 상류층 여성들 사이에 유행했던 머리 형태와 유사하다.

또한 고계의 모습을 고려불화에서도 찾아 볼 수 있는데 〈수월관음도(水月觀音圖)〉와 〈관경서분변상도(觀經序分變相圖)〉에서 확인할 수 있다. 그 중 〈수월관음도(水月觀音圖)〉는 대부분 일본에 소장되어 있는데 다른 불화에 비해 많이 제작된 편이다. 그 이유는 이 불화를 시주하는 이유와 연관이 있는데 재난을 구제하고, 아들을 원하는 기복적 성격을 띠고 있기 때문이다.

이는 고려 말의 불안한 상황을 정신적으로나마 극복해보려는 의지와 무관하지 않을 것이다. 특히 『삼국유사(三國遺事)』에 기록되어 있는 대로 강원도 양양의 낙산사가 있는 해변 암굴에 수월관음이 있다는 믿음이 있어 〈수월관음도(水月觀音圖)〉는 빈번하게 제작되었으며, 1323년에 제작 된 〈수월관음도(水月觀音圖)〉는 필치에 있어서 가장 우수한 것으로 인정받고 있어 고증자료로 참고하였다. 이 불화에서 나타나는 왕비는 공양왕 왕비로 알려졌는데 전형적인 고계(高髻)에 보석으로 장식을 하고 있다.

이 머리 형태는 당, 송의 귀족층 여인들에게서 흔히 볼 수 있는 형태로 원이 이미 중국 문화에 젖어 있었다는 뜻이기도 하며, 고려 말 귀족층 여성들의 머리모양이 단아한 고계 형이고, 장식품을 이용해 머리를 장식했을 것으로 유추해 볼 수 있다. 또한 공민왕 왕비와 차이가 나는 것처럼 보이기도 하나 높은 형식으로 되어 있다는 점, 머리띠로 받치고 있다는 점, 전체적으로 장식이 되어 있다는 점으로 미루어 볼 때 두 여인의 머리 형태는 같다고 보아야 타당 할 것으로 생각된다. 또 다른 불화인 〈관경서분변상도(觀經序分變相圖)〉에서도 고계(高髻)의 모습을 확인할 수 있는데 〈관경서분변상도(觀經序分變相圖)〉 역시 일본 서복사(西福寺)에 소장되어 있으

〈그림 5〉 수월관음도

며, 오백 명의 시녀를 거느리고 있는 모습의 그림으로 왕비의 이름 등이 한자로 표기되어 있어 그림의 이해도를 높인 불화이다.

이 불화에서는 시녀들의 머리 형태에서 전형적인 고계(高髻)를 확인할 수 있는데 본머리를 위로 올려 일단 중간에서 고정시킨 후 상층부에 형태를 만드는 형식이다. 중간에 고정시킨 부위에는 화려하지 않으면서 미려한 장식으로 꾸며져 있다.

이러한 형식은 한족국가에서의 궁중 시녀들이 하고 있던 형태로 이 불화가 나온 시기는 고려말에 해당되지만 한족부터 당, 송, 원의 문화가 모두 고려 문화에 흡수 되어 그 머리가 고려의 불화에 등장한 것이다. 이 처럼 고계는 그 머리 형태 자체로는 단아하지만 장신구를 사용해 화려한 수식을 하였으며, 평민층 보다는 왕족, 귀족 등이 했을 것으로 보여 지는 고려시대의 머리모양인 것이다.

6) 속발

속발이란 머리를 가지런히 묶던 것으로 인류가 일을 시작하면서부터 두발이 방해요소로 작용하지 못하도록 묶기 시작했던 것으로 그 기원을 유추해 볼 수 있는데 중국에서 발견된 청동기에 속발과 변발의 머리모양이 새겨져 있는 것들로 미루어 볼 때 아주 오래전부터 현재까지 사용되고 있는 머리모양임이 틀림없다. 이와 같은 사실을 증명하는 또 다른 하나는 『고려도경

(高麗圖經)』 '귀녀조'에 '아직 시집가지 않은 겨우 열 살 남짓한 여자였는데 피발하지 않았다'라는 문구와 '시집가기 전에는 서민들의 딸은 홍라로 속발하고, 남자도 같으나 홍라 대신 검은 노끈(흑승)으로 대신 할 뿐이다'라는 두 기록으로 고려의 대표적 머리 모양인 속발 문화가 몽골의 변발 문화로 바뀌어졌다는 사실 또한 확인 할 수 있다. 다시 말해 고려시대의 대표적인 미혼녀들의 머리 형태들이 남녀가 동일하게 목 뒤에서 하나로 머리를 묶던 속발의 형태에서 피발하지 않고 머리를 땋아 내렸거나 귀녀의 얹은머리 모양의 몽골 풍 변발로 바뀌게 된 것 이다. 또한 고려시대에 접어들면서 속발은 머리를 단순히 묶는 단계를 벗어나 매듭에 장신구를 착용하여 변화를 주어 길게 늘어뜨린 머리묶음의 형태를 세련된 모양으로 발전시켜 그 아름다움을 더하였다.

『고려도경(高麗圖經)』에서 속발에 관한 내용의 또 다른 구절을 찾을 수 있는데 서민 남자의 두발 형태에 관한 내용으로 "장가들지 않는 자는 다 건으로 머리를 싸고 내려뜨리다가 장가든 뒤에 속발(束髮)을 한다."고 하였는데 이는 머리카락을 올려 빗어 정수리위에서 틀어 감은 형태의 머리모양으로 여기에 동곳(상투를 튼 후 풀어지지 않도록 위에 꽂는 장식)을 꽂아 고정시킨 다음 머리카락이 흘러내리지 않도록 망건(상투를 틀 때 머리카락이 흘러 내려오지 않도록 하기 위하여 머리에 두른 운두로 10cm가량의 그물처럼 생긴 물건)을 썼던 풍속이 일반적이었던 것으로 보인다. 아울러 이 기록에 따르면 결혼 후에는 속발을 한다고 했는데, 이 속발이란 전시대부터 내려오던 상투와 같은 형태일 것으로 추정된다.

〈그림 6〉 속발

7) 얹은머리

얹은머리는 조천계, 고계와 달리 계를 만들지 않고 단순히 땋거나 묶은 머리의 다발을 머리 위에 얹은 형태라 할 수 있는데 고려 말 불화와 초상화에서 확인할 수 있는데 이는 고려건국 초부터 왕과 왕비 및 공신, 문사 등의 초상화가 제작되고 초상화, 인물화, 궁궐행사, 풍속도가 그려졌기 때문이다. 이들 그림은 현재 전해지고 있는 것이 드물며, 불화 역시 고려 말에 많이 그려진 것으로 알려져 있으나 현재 우리나라에 남아있는 것 또한 거의 없기 때문에 몇몇 초상화와, 불화 그리고 12세기 중엽에 제작된 것으로 추정되는 하회 가면인 각시탈을 토대로 얹은머리의 형태를 확인할 수 있다.

각시탈의 경우 전면만을 볼 수 있기 때문에 전체적인 형태를 자세히 살필 수는 없으나 땋은 머리를 두상에 올린 얹은머리 형태를 볼 수 있다. 또한 불화 〈관경서분변상도(觀經序分變相圖)〉에서 나타나는 여성의 머리모양으로 가장 많은 형태가 얹은머리와 쪽머리, 채 머리이다.

얹은머리나 쪽머리는 오랜 전통을 가지고 있으며 기혼녀의 머리 양식이고 채 머리는 아무런 장식도 없이 내린 형식으로 처녀들의 머리 양식으로 정착되었다. 이 외 초상화에서도 얹은머리를 확인할 수 있는데 고려 말 조반부인의 초상화와 하연부인의 초상화이다.

고려 말 이양오(李養吾)의 딸 조반부인의 초상화에 나타나는 얹은머리의 형태는 몽골 풍속에서 온 가체를 이용하여 얹은머리를 하고 있는 것으로 보여 진다. 또한 문신 이종오의 딸 하연

〈그림 7〉 관경십육관변상도

(1376~1453) 부인의 초상화에서는 정수리 쪽에 높게 올린 얹은머리를 볼 수 있는데 이 두 인물의 초상화는 조선 초기에 그려지기는 했으나 고려시대에 살았던 사람으로 고려 말의 머리모양을 하고 있음을 유추할 수 있다. 이와 같이 여러 가지의 형태들이 다양하게 나타나는 것으로 보아 고려 말의 평민층 여성들의 머리모양은 매우 자유스러웠다는 것을 알 수 있다.

3 복식형태

고려는 송(宋), 거란, 요, 금의 복식사여에 의하여 중국 복식제도의 영향을 받았으며, 송대 서긍(徐兢)의 『선화봉사고려도경(宣和奉使高麗圖經)』에서 그 복식 기록을 참고 할 수 있다. 고려는 건국 초 신라의 의제(衣制)를 답습하였다가 제4대 광종(光宗: 949~975)에 이르러 백관의 공복을 정하였는데 이로써 존비, 상하를 가렸다. 정비된 관복 역시 신라의 자(紫), 비(緋), 청(靑), 황(黃)의 4색 공복제도의 영향을 받아 자(紫), 단(丹), 비(緋), 녹(綠)으로 관품을 표시하여 착용하였다.

그러나 고려 사회전체가 당시의 중국 풍습을 전적으로 따른 것으로는 보이지 않는다. 송나라 사신 서긍은 고려복식을 한마디로 "당이상잡(唐夷相雜)" 즉 당나라와 오랑캐의 것이 서로 섞여 있다고 기록하고 있다. 이러한 가운데 고려의 양식을 지켜야 한다고 주장하고 있다. 이 같은 사실은 다음에서 짐작할 수 있다.

『고려도경(高麗圖經)』 뿐만 아니라 『고려사(高麗史)』의 최승로(崔承老)전에 보면 "중국의 제도는 준수하지 않으면 아니 됩니다. 그러나 사방의 풍속, 습관이 각각 그 지방 성질에 따라야하며 모두 다 변경하기는 곤란 할 것 같습니다. 그 중 예악(禮樂), 시서(詩書)의 교훈과 군신, 부자의 도리는 마땅히 중국의 본을 받아 비루한 것을 고쳐야 할 것이나 기타 거마, 의복 등 제도는 자기나라 풍속에 따르게 하여 사치와 검박을 적절하게 할 것이고 무리하게 중국과 꼭 할 필요는 없습니다."라고 적고 있다. 이러한 생각을 가지고 있던 사람은 최승로 뿐만이 아닌 것을 서희(徐熙)전을 통해 알 수 있다. 이것은 당시 성종이 중국 풍습을 즐겨 모방하려 하였으며 나라사람들이 이를 달가워하지 않았던 까닭에 이지백이 이 문제를 언급한 것이다.

고려두식과 복식에서 획기적인 변화를 보였던 때는 몽고 침략기라 할 수 있으며 이 때 몽고의 영향을 받은 것 중 대표적인 것이 호복(胡服)이라 할 수 있다. 고려중기 무인시대 암흑기의 몽골의 문화와 의상은 고려 충렬왕때 몽골의 머리모양(변발)과 의상을 입지 않은 신하들을 공식석상에서 매질을 하였다고 한다. 공민왕에 의해 몽골풍이 일소되지만 고려말기 중국풍(송나라, 명나라 양식)은 몽골풍과 고려의 고유한 문화가 섞여, 화려한 조선의 문화까지 영향을 주었다. 고려시대 복식 생활에서 또 하나 중요한 사실은 문익점에 의해 목화의 전파였다. 이것이 비단이나 명주를 마음대로 입을 수 없었던 서민의 복식 생활에 커다란 전환기를 마련해 주었다. 여자의 복식은 고유 복식 기본형에 몽고의 복식 일부가 가미되었고 두루마기나 저고리, 치마에 두른 선이 없어지고 저고리는 길이가 짧아져서 옷고름을 달았고 치마는 폭이 넓고 길었으며, 여러 겹의 속치마를 입었다. 바지는 통이 넓은 관고(寬袴)를 치마 속에 입거나 겉옷으로 입었다.

포는 백저(새하얀 모시옷)의 복식과 비슷하였고 이 포는 감람나무 문양이 있는 허리띠를 매었고, 손톱을 보이는 것을 부끄러워하여 흔히 홍낭(붉은 주머니)으로 이를 덮었다 하였는데, 이 강낭은 마치 조선시대 여인의 포삼에 달린 한삼과도 같은 것으로 유추된다. 또 백저포 안에는 유와 상을 입었는데, 평상시에는 벗고 있었다. 구속(舊俗)여자의 복은 백저의, 황상으로 위에는 공후 귀가로부터 아래는 민서의 처첩에 이르기 까지 대개 무변하였다 하였으니 부녀의 통복은 백저에 황상이었다. 상은 가을과 겨울에는 주로 노란색이었으며, 그 색은 짙기도 하고 엷기도 하였는데, 왕비의 복색만은 홍색이어서 황유홍상(黃襦紅裳)이니 녹의홍상(綠衣紅裳)이니 하는 홍색치마와 홍색바탕의 '스란치마' 등은 고려왕비의 복식에서 유래된 것으로 유추된다.

4 화장형태

통일신라시대의 뒤를 이은 고려 태조는 신라의 정치제도와 문화전통을 계승하는 책을 시행해 국교(國敎)도 계속 불교로 받아들였으며, 신라의 미의식인 영육일치사상도 함께 신봉하였다.

또한 중국의 여러나라와 교류 또는 전쟁을 겪으며 다양한 문화의 영향을 받았다. 그 결과 고려의 화장 문화는 외형상으로는 사치스러워졌으며 내면적으로는 탐미주의 색채가 농후해졌으며 새로운 화장의 유형을 창조해냈다. 고려 초기부터 중국의 기녀(妓女)제도를 본받아 교방(敎坊)을 두고 기녀를 양성하는 등 제도화하여 화장술도 가르치고 익히게 함으로써 기생을 분대라고 별칭하고 기생들이 판에 박은 듯 한결같이 한 화장을 분대화장이라 하였다. 여기서 나아가

진하거나 야하게 화장한 여인들 즉 궁녀나 미인 역시 분대라고 별칭하게 되었는데 고려 기생의 분대화장 형태는 조선 시대까지 계승되었다. 『삼국사기(三國史記)』에 중국 송나라 사신 유구(劉逵), 오식(吳栻)이 우리나라 사관(使館)에 머무르는 동안 연회 대 단장한 기녀가 출현하는 일하가 기록되어 있고, 서긍의 『고려도경(高麗圖經)』에 기녀를 의미하는 '유녀(遊女)'나 '비(婢)'의 기록이 있으며 『고려사(高麗史)』나 『고려사절요(高麗史節要)』 등에도 기녀의 출현에 대한 기록이 있다.

이러한 기녀제도의 영향으로 일반 부녀자들도 신체와 머리카락, 옷에 향을 뿌리거나 발랐으며, 갖가지 보석장식을 하고 화장품을 겹겹이 진하게 발랐다. 이처럼 화장의 강도가 높아지자 일부 사찰에서 이러한 차림의 여성 신자들의 출입을 금지시키는 출가법 팔계재(出家法 八戒齋)를 발표하기에 이르렀다. 출가법 팔계재인 '도식향만(塗飾香鬘), 부저화영락(不著華瓔珞), 불향도신(不香塗身), 부저향훈의(不著香薰衣) 등의 항목은 과도한 치장을 하였던 여인네들의 사찰 출입 금지와 관련된 내용들이다. 이러한 기록은 통일신라시대에 화려하고 사치스러워진 화장경향이 고려시대에 더욱 사치스러워졌고, 이에 대한 반발이 적지 않았음을 반증해 준다.

고려시대 화장에 대한 또 다른 기록은 서긍(徐兢)의 『고려도경(高麗圖經)』에서 찾아 볼 수 있다. 여기에는 고려 귀부인의 화장에 대하여 '향유(香油) 바르기를 좋아하지 않고 분은 바르되 연지(臙脂)를 즐겨 바르지 않았다. 눈썹은 넓게 그리고, 검은 비단으로 만든 너울을 쓰고, 감람빛깔의 넓은 허리띠를 두르고 채색한 끈에 금방울을 달고, 비단향낭을 여럿 찼는데, 향낭을 여러 개 패용 할수록 자랑스럽게 여겼다'고 기록되어 있다. 이는 앞서 제시한 화려한 화장경향과 매우 대조적인 것이다.

고려시대 귀부인들의 화장과 일반 부녀자들의 화장과 기녀를 비롯한 화류계 여성들의 화장이 달랐을 것, 즉 화장의 이원화 현상으로 나타났으나 화장법에 따른 계층별로 화장법의 행위는 두 가지 모두가 나타났으리라 추측된다.

고려의 화장 문화에서 주시해야할 사항은 고려의 남성들도 화장을 하였다는 것이다. 이러한 남성들의 화장 문화는 다음과 같은 문구에서 사실화 되고 있다. 과부된 여성이 집에 드나드는 미남자 김태현에게 마음을 두고 예의도 돌아보지 않고 연모시를 지었다는 글귀 중 '말 위의 저 분은 어느 집 도련님인지 석 달이 넘도록 모르옵더니 이제야 알았소. 김태현 인줄을 가는 눈, 긴 눈썹, 엄엄하 내정에 드오.'에서 가는 눈, 긴 눈썹이란 표현으로 미모의 남자를 동경하고 있었으며 남성들 또한 화장하였다는 사실을 발견할 수 있다. 또한 서울에 있는 무녀와 관비를 남장으로 분장하여 노래를 가르친 것으로 보아 남장에 따란 기녀 화장법이 있었다는 것을 추측할 수 있다.

고려시대 사용되었던 화장(化粧)의 개념에 해당하는 말을 살펴보면 분대(粉黛), 야용(冶容), 단장(丹粧), 장면(粧面)이 상용되었다. 표현에 따른 의미는 약간씩 다른데 얼굴, 머리, 옷차림 등 몸단장에까지 곱게 꾸미는 것, 단장(丹粧)과 얼굴 화장만을 가리키는 장면(粧面), 양용(冶容)이 있다. 여기서 야용(冶容)은 억지로 아름답게 꾸며 화장하기 전과 하고 나서 여성의 얼굴이 달라질 정도로 진한 화장을 의미하며 야용(冶容)과 같이 진한 화장을 의미하는 것으로는 분대(粉黛)가 있다. 연지(臙脂)와 백분(白粉), 백분(白粉)과 눈썹먹(黛)을 각각 줄여서 일컫는 말이 바로 분대(粉黛)이다. 화장의 의미를 대신하기도 하였던 분대(粉黛)는 고려시대 기녀들의 진한 화장을 분대로 일컬어지면서 진하거나 요염하게 한 화장을 분대라고 별칭하게 된다.

다음으로 기녀들의 화장에 관해 자세히 살펴보면 지분(脂粉), 장면(粧面), 분면(粉面), 취대(翠黛), 미여삭(眉如削)이다. 기녀들은 궁중의 의례나 사신의 접대 등 국가적인 행사에서 가무를 담당하였는데 당시 기녀들이 연회 때 부르던 당악(唐樂)부분에 기녀들의 화장을 알 수 있다.

지분(脂粉)은 연지와 백분을 의미하며 기녀들의 얼굴에 분을 바르고 연지화장을 하였음을 알 수 있다. 분면(粉面)은 기녀들이 화장 시에 얼굴에 분을 발라 하얀 피부를 표현하였으며 미여삭(眉如削)은 눈썹을 뽑거나 깎아서 눈썹을 다듬었음을 알 수 있다. 취대(翠黛)는 미인의 눈썹을 의미하는 말이기도 하지만 『고려사(高麗史)』에 기록된 취대(翠黛)는 눈썹을 그리는데 사용되는 푸른 먹을 뜻하며 기녀의 눈썹 화장 형태를 알 수 있게 한다.

〈고볍리 고분 벽화〉에는 눈썹은 가늘고 길게 그려졌으며 둥글린 형태의 입술에 연지화장을 하고 있었으며 〈관경변상도(觀經變相圖)〉 속의 여성과 〈관경서분변상도(觀經序分變相圖)〉(일본 대은사 소장), 〈미륵하생경변상도〉, 〈조반부인초상〉에서도 전형적인 원나라 여성의 눈썹 모양과 입술연지가 나타나고 있었으며 〈둔마리 고분 벽화〉 속의 그림은 눈썹이 끝으로 갈수록 상승되어 있으며 이것은 원나라 〈적봉원보산 출토 벽화〉 속 여성의 눈썹과 동일한 형태이다.

〈수월관음도〉의 여성은 눈썹 끝부분으로 갈수록 가늘게 그린 눈썹 형태를 보이며 원나라 화장법과 똑같이 재현되는 것이 아니라 고려 여성들의 미용 풍속과 어우러져 고려 여성들의 화장법으로 보여 준다.

또한 〈관경서분변상도〉에서는 두 명의 여성에서 입술은 각이 없고 위·아래 입술이 모두 둥글게 그려졌다. 하지만 두 여인 모두 다른 눈썹의 형태를 보이며 또한 〈하연부인 초상〉에도 송나라 여성들이 그린 두께가 넓고 진한 형태의 눈썹 경향이 나타나는데 이는 고려 초기에 영향을 준 송나라의 화장이 원나라의 영향 고려 말까지도 존속되었음을 보여주었다.

그런데 하연 부인의 초상화에는 양 뺨에 그린 연지와 이마에 그린 곤지의 화장이 남아 있는데 연지는 고구려 벽화에서 그 유래를 찾아 볼 수 있었으며 곤지는 원대 여성들이 이마에 원형으로 그린 화전과 같은 양식의 영향으로 보인다.

현존하는 유물들이 원나라의 영향기에 있던 1300년 전후로 대부분 제작되었지만 묘사된 여성의 화장 중 송나라 여성의 화장 경향도 나타나고 있다. 이러한 사실들은 활발한 교류 속에서 화장 문화가 고려로 유입되었고 이것은 다시 고려의 화장 문화와 융합되어 양국 간의 화장 문화의 유사성을 보였다.

1) 화장품의 종류 및 재료

(1) 분

분은 한자로 米와 分이 함께 이루어진 글이다. 쌀가루 1홉반과 서속가루(기장, 옥수수, 조) 1홉의 비율로 섞어서 고운 가루를 내어 분으로 만들어 발랐다. 또한 곡식이외에 분꽃 등의 꽃의 씨앗을 가루로 내어 사용하기도 하였다. 두드려서 바르던 연분(鉛粉)은 납 조각에서 추출하였기 때문에 납분이라고도 하는데 독성이 강해 피부를 상하게 하였으며 연분은 부착력이 없어 오랜 시간 동안 유지하지 못해 백분을 도포하듯 두껍고 하얗게 발라 창백하게 보이도록 하였다.

(2) 눈썹화장

눈썹 화장은 눈썹을 가늘게 다듬어 尾墨(미묵)을 사용해 또렷하고 검게 그렸으며 눈썹 그리기의 가장 초보적인 도구는 가는 나뭇가지를 태워서 그 끝을 뾰족하게 그리거나 숯을 가루 내어 물을 묻혀서 가는 나뭇가지로 찍어 눈썹을 그리는 방법이었다. 그 외에도 솥 검댕을 긁어모아 솥뚜껑 안에 모인 수증기를 받아 개어서 눈썹을 그리기도 했다. 그 후 「전완길의 저서」에 따르면 눈썹먹은 목화의 자색 꽃을 태운 재를 참기름에 개어 만들거나, 보리깜부기를 솔잎 태운 유연에 개어 만들기도 하였다. 또 약간 붉은 기가 도는 검푸른 흙을 미묵 대신에 사용하기도 하였으며, 나무결이 단단한 굴참나무, 너도 밤나무 따위의 무재를 유연에 개어 눈썹을 그리는데

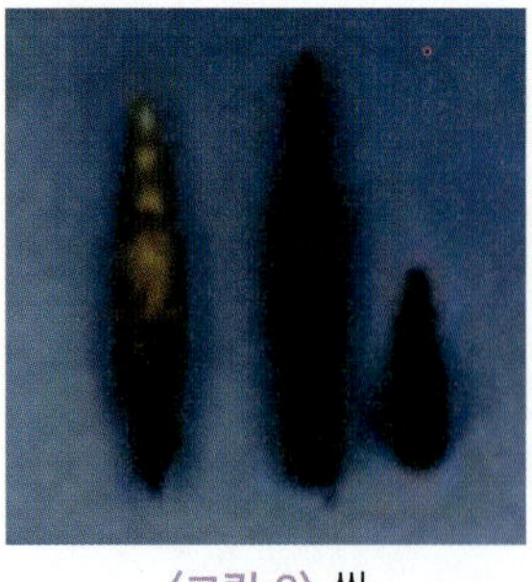

〈그림 8〉 씰

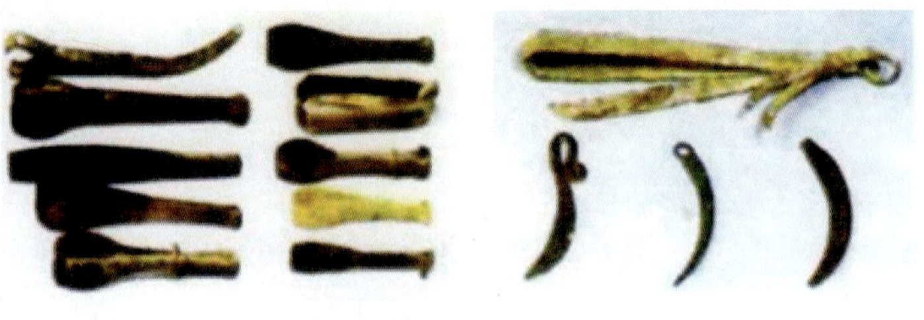

〈그림 9〉 손톱깍이, 족집게

사용하였던 것으로 알려져 있다. 눈썹 그리기에 사용된 재료를 살펴보자. 또한 눈썹 형태의 종류에는 초생달과 같은 초생월미, 꾀꼬리의 앵미, 당미, 하미 등으로 구분하였고, 미인의 조건 중 눈썹 형태의 아름다움을 다음과 같이 노래하고 있다. "세류같은 가는 허리 춘풍에 휘노는 듯 용모거동 바라보니 백태천요가 질시고 팔자 춘산 그린 눈썹 초생반월 아니신가 단순을 반개하고…" 이는 미인의 눈썹을 초생달 같다고 표현하고 있는 것으로 보아 당시의 아름다운 눈썹의 형태가 초생달 모양이었음을 알게 해 주는 부분이다.

(3) 연지 화장

연지는 고려 말 원나라 공주가 들어오면서 함께 들어온 것으로 단주와 같은 기능을 하였던 것인데 후에는 화장할 때마다 연지를 발랐다. 연지는 기름에 개어 사용하였으며 뺨은 복숭아처럼, 볼은 살구 빛이 되도록 발랐다. 이는 어린아이가 태어나면 복숭아꽃으로 얼굴을 닦아주는 풍습이 있었는데 이것은 복숭아의 붉은 꽃과 거기에 맺힌 흰 이슬이 어린아이의 얼굴에 광택을 부여한다고 여겼기 때문이었다.

(4) 입술화장

〈거창 둔마리 고분〉의 〈피리 부는 여인〉이라는 벽화를 보면 입술화장을 했다는 사실을 알게 해준다. 이 벽화는 당시 지방호족의 이상적인 여인상을 표본으로 하여 그린 것으로 추정되고 있다. 경남 밀양 고법리 동쪽 벽화와 고법리 서쪽 벽화는 고려시대의 생활문화와 풍속 등을 연구하는 중요한 자료가 되고 있는 유물 중의 하나로 발견된 벽화들은 귀족여인들의 나들이 모습

〈그림 10〉 피리부는 선녀 (거창 둔마리 벽화 고분)

〈그림 11〉 수월관음도

을 묘사한 것으로 추정되며 벽화속 여인의 붉은 입술 색에서 고려시대 중기 상류층 여인들의 화려했던 화장 문화를 짐작할 수 있게 해준다. 이는 기녀가 아닌 상류층 여인들도 분대화장을 하였다는 것을 보여주는 것이다.

입술연질 바르는 방법으로는 입술 전체에 바르지 않고 입술 끝에만 빨갛게 찍어 멀리서 보면 구슬을 머금고 있는 모습을 표현하기도 하였으며 입술에 연지를 발라 붉게 하고 작고 각이 없는 둥근 형태의 입술을 그렸다.

(5) 면약

고려시대 사람들은 현대에 사용하는 크림과 유사한 액상의 안면용 화장품으로 손과 얼굴을 트지 않게 하며 희고 부드럽게 하기 위해 보호제이자 미백제인 면약(面藥)을 사용하였다. 면약(面藥)의 형태는 액상(液狀)으로 남녀가 다같이 피부를 보호하기 위해 사용하였다. 외형적인 화장뿐만 아니라 피부보호를 위한 화장품도 제조 되어 사용되었다. 「고려도경(高麗圖經)」에는 송나라의 정사(正使), 부사(副使), 도활관(都豁官)의 자리에 은제(銀製)의 면약호(面約壺)를 두어 사용했었다고 기록하였다.

〈그림 12〉 밀양 고법리 박익 벽화묘

(6) 염모제

멜라닌 색소에 의한 노화현상으로 변색되어지는 것을 인위적으로 검게 물들일 때 사용하는 재료로, 고려시대 말엽에 불려 진 사설시조를 보면 백발의 머리로 늙어가는 모습을 감추어 젊어지고자 하는 염원이 다음과 같이 표현되어 있음을 발견할 수 있다. "백발에 화냥 노는 년이 젊은 서방 하려하고, 센(흰)머리에 흑칠하고 태산준령으로 허위허위 넘어가다가 과그른 소나기에 흰 동정 검어지고 검던 머리다 희거다 그르사 늙은이 소망이라 일락배락 하노매"라는 〈청구영언수재〉라는 시조는 고려시대 말부터 조선시대 초기에 지어졌으리라고 추측되는 것으로 고려인들이 머리털을 뽑거나 기도로써 흰머리가 나지 않기를 바라는 것이 아닌 실제로 머리염색을 했다는 내용으로 여겨진다. 흰머리를 검게 하는 초기의 염모제 재료로는 숯, 재, 옻나무 등이 전부였지만 이것들로 만든 원시적인 염료는 단시간 동안만 효과를 줄뿐, 머리를 감으면 염색효과가 사라져 버리는 일시적인 것이 있다. 따라서 보다 오랫동안 머리를 검게 하는 방법으로 사용되었던 전통 머리 염색 재료의 종류로는 발백령묵이라는 처방이 있다. 이러한 기록의 염색 재료는 한련초, 오디, 호도껍질, 순무씨, 복분자 등이 있다. 염모제 사용법과 효능·효과에 따라 분류하여 요약·정리하면 다음과 같다. 한련초는 싹을 따면 진이 나와 잠깐 동안 검어지면서 염모작용을 한다.오디는 기름 두되에 오디 한되를 볕이 들지 않게 석달동안 병에 넣어두었다 바른다. 까맣게 익은 오디를 물에 우려 그 물을 머리에 바르면 까맣게 된다. 호도의 겉껍질은 호도 푸른껍질과 푸른 깻잎을 한데 달여서 머리를 감으면 검어진다. 순무씨는 기름을 짜 머리에 바르면 까맣게 된다. 복분자는 머리카락을 검게 하며 재, 옻나무는 일시적으로 머리털을 검게할 수 있다.

(7) 빗과 거울

고려시대 관아에는 각종 기술자가 배치되어 있었는데, 거울과 빗 제조 기술자가 포함되어 있었다고 한다. 이는 화장의 기본도구인 빗과 거울의 소비량이 많아짐에 따라 다량 생산하기 위한 조치였던 것으로 보이며, 이러한 사회제도 속에서 고려시대 화장문화를 가늠해 볼 수 있다.

〈그림 13〉 거울

(8) 화장용기합

연지를 담은 연지함은 다양한 소형 화장품 그릇을 담는 화장용기합이 다수 만들어졌다. 대부분 다섯 개의 화장품 그릇을 담았으나 일곱 개를 담은 것이 간혹 보이며, 직사각형의 투각 화장상자와 같이 특이한 예도 있다.

〈그림 14〉 청자상감투각귀갑문상자

(9) 분첩과 분곽

고려시대에 가장 널리 사용된 화장품은 백분이었다. 납분을 담은 용기는 분납 중에서 가장 작은 형태였다. 납분은 고급스러워서 1회 사용량이 일반 백분에 비하여 적으므로 당시 청자에 비하여 생산량이 적은 백자에 담았던 것으로 보인다. 납분 외의 백분 즉 분꽃이나 곡식의 분말 백토 따위로 제조한 백분은 백자 분합보다 큰 청자 분합에 저장되었고 청자는 대부분 미려하지만 분합은 여성용이기 때문에 무늬와 색상이 더욱 아름다웠다. 분을 바르기위한 분첩과 분을 넣어 보관하는 분곽도 필요에 의해 제작되었음은 물론이고 유병 또한 다양하게 있었다.

〈그림 15〉 청자상감진사채 운학문 분합(호암미술관소장)

〈그림 16〉 나전분합(뉴욕 매트로폴리탄 미술관)

(10) 그 외

고려인의 화장도구로는 족집게와 손톱 다듬기가 있으며 장신구는 패용이 많았을 것으로 예상 된다. 하지만 출토물이 많지는 않은 편이며 그 외의 화장용구로 불두잠과 금비녀 등을 들 수 있다.

2) 목욕문화

고려도경에는 최초로 목욕 풍습에 대한 언급도 있는데, 고려인들은 아침에 일찍 일어나 목욕을한 다음에야 외출을 하였으며, 더운 여름날이면 하루에 두 세 번씩 시냇가에서 목욕을 한다 하였다. 이를 볼때 아침에 목욕하는 습관이 정착된 것을 알 수 있다.

고려시대 왕들이 온천에 다녀왔다는 기록과 함께 당시의 귀족들이 온천욕을 즐겼다는 기록이 『고려사절요(高麗史節要)』와 『고려사(高麗史)』에 남아있고 이규보의 『동국이상국집(東國李相國集)』에는 '박송과 함께 동래(東萊)에 가서 목욕을 하려고 한다.'는 기록이 있는 것으로 보아 온천의 치료 효과를 일찍이 깨닫고 있었던 것으로 추측할 수 있다. 이는 세안과 목욕 행위가 종교의례의 한 부분으로 시작되었으나 고려시대에 이르러 건강유지와 동시에 질병치료 및 미용수단으로 이용되었음을 의미한다.

몸을 깨끗이 해야만 마음도 청결해 진다는 사상으로 발전되어 사찰마다 대형 목욕시설을 구비하고 가정에도 목욕시설을 갖추었다. 이에 따라 세정제가 발달하였는데 팥, 녹두, 쌀겨 따위로 만든 조두 등이 있다. 『고려도경(高麗圖經)』에서 목욕풍습으로 기록되어진 문구를 보면 "아침에 일어나면 먼저 목욕을 하고 문을 나서고 여름에는 날마다 두 번씩 목욕을 하며 시내 가운데서 많이 한다. 남녀 구별 없이 의관을 언덕에 놓고 물굽이 따라 몸을 벌거벗되, 괴이하게 여기지 않는다."는 기록이 있는데, 이는 고려의 목욕문화가 얼마나 자연스러우며 청결관념이 보편화 된 것인가를 잘 드러내고 있다. 이밖에도 약탕이라 하여 여러 가지 약재를 넣은 물에 목욕하는 풍속이 있었다. 또한 아이들이 태어나면서부터 복숭아꽃으로 얼굴을 닦아주는 풍습은 고려시대 목욕의 의미는 건강수단인 동시에 의료행위였고 미용수단이기도 하였음을 나타낸다.

고려시대 청결관념의 발달은 다양하고 많은 종류의 대야들을 통해서도 알 수 있으며 용도별로 구분하여 사용한 것으로 나타나있다. 분대화장을 제거하기 위한 세안제와 세숫물에 대한 관심이 높아진것은 색조화장이 피부에 주는 악영향을 피하기 위해서였는데 세수할 때마다 대하는 세숫대야에 애착을 보이며 무늬를 새겨 곱게 장식하력 했던 여심도 엿볼 수 있다. 화장품 용기 중에는 청자 기름병이 가장 많다. 고려청자 기름병은 신라의 토기 기름병과 모양이 비슷하지만 몸통이 넓어지고 운두가 낮아지는 변화 양상을 보였다. 유병의 형태와 무늬가 다양한 것

〈그림 17〉 청동세수대야(성균관대학교 박물관)

〈그림 18〉 청자대야(동국대학교 박물관)

〈그림 19〉 도자기 유병

은 기물 형태에 대한 기호가 시대에 따라서 달라진 점도 있지만, 각기 다른 기름을 담았던 이유 때문인 것으로 생각된다.

목욕을 한 후에는 향유를 바르거나 향낭을 차기도 하였는데 서긍의 『고려도경(高麗圖經)』에는 고려 귀부인의 화장에 대하여 "향유(香油)를 바르기를 좋아하지 않고비단 향낭(錦香囊)을 여럿 찼는데, 향낭을 여러 개 패용 할수록 자랑스럽게 여겼다"고 전하고 있다. 이와같이 일부 계층에 한정된 풍속이기는 하지만 신체와 머리카락, 옷에 향료를 뿌리거나 발랐으며, 옷에 향내를 스미게 하였다.

향류를 담았던 향합과 향을 사르는 향로에 특히 입사기법을 사용해서 아름답게 장식하고 있는데 이들 은입사향완은 최고수준의 기량을 보여 주는 걸작들이 많다. 이 가운데 전기를 대표하는 〈표충사은입사향완〉이다. 1170년의 절대년대가 표시돼있는 이 향로는 최초의 연대가 표시되어있는 향로라는데 큰 의미를 가지고 있다.

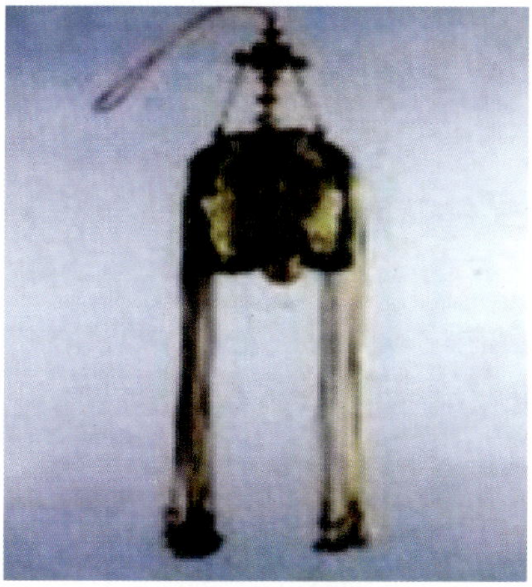
〈그림 20〉 향낭

〈그림 21〉 향유병

5/ 두식

고려는 고종18년(1231) 몽골의 침입을 막아내지 못한 채 원과의 치욕적인 화친이 성립된 후에는 그들의 동화정책(同化政策)에 따라 원의 두발장식 풍속을 많이 따르게 되었다.

1) 고려 남성의 관모

(1) 복두

고려의 복두는 신라의 김춘추가 당으로부터 사여 받아 온 것으로 남북조시대에서는 남자의 관모로 널리 착용하였다가 통일신라시대 와서 복두 일색이 되어 귀족, 천민에 관계없이 착용되었고 후에 양반의 가노들도 이를 착용하게 되었다. 고종 3년 원 복속기에 이르러서는 제왕이나 종실의 노비만이 복두를 쓸 수 있었으나 최항이 노비에게 복두 쓰는 것을 허락하여 권세가문의 노비들이 이를 자문가착이라 하고 권세 양반가의 노비들도 복두를 착용하여 당시 복두의 착용계층 구별이 없어졌다. 이렇듯 원 복속기에 복두는 신분의 구별 없이 일반적으로 착용함으로서 전문 가게로 '복두점'이 생겼다. 또한 관리의 관모나 병사의 쓰개 등 일상복으로 착용하는 쓰개를 모두 관이라는 용어로 사용하였으므로 관은 착용자의 용도에 따라 사용하였던 두식이었다. 특히 선관이나 유관은 각각 고관과 유학자들을 지칭하고 있어 용어 자체가 특정계층을 대표하는 것으로 알려져 있다. 하서인의 관모로는 죽관이 있었으며 이는 주인의 관모였는데 농민도

작업 시에는 썼을 것으로 유추된다.

(2) 건 및 쓰개류

『고려사(高麗史)』에 편발에 대한 기록을 살펴보면 "원제(元帝)를 만나는 자리에서 원제가 그에게 립을 벗으라하며 수재(秀才)는 모름지기 편발 할 필요가 없으니 건(巾)을 쓸 것이다."라는 기록이 보이는데 편발은 당시 몽골인의 두발장식인 개체를 의미하는 것이고, 편발을 하지 않아도 되니 건을 쓰라고 하는 것은 머리에 상투를 틀고 오사모나 복건과 같이 당시 문인이 착용하는 건을 쓰라고 한 것이다.

〈그림 22〉 복두 (최유선의 초상화)

〈그림 23〉 평정건 (안향의 초상화)

고려 문헌에 기록된 건의 착용계층을 살펴보면 원 복속기 이전시기의 건류와 원 복속기동안의 건류들로 분류되어진다. 원 복속 이전 시기에는 농상지민, 공기의 일반 백성으로부터 민장, 도사와 선비계층과 왕에 이르기까지 신분에 관계없이 모두 착용한 쓰개류였다. 그러나 원 복속기에 이르면서 주로 재야의 문사나 문인 계층의 사람들이 사용하였다고 기록되어 있다. 이는 건이 기록되어 있는 문헌 중 대부분이 문집류라는 것이 한 요인이기도 하지만 문인 계층에서 다양한 건류를 착용하여 건이 문인 층을 대표하게 된 것이라 볼 수 있다.

이외에도 몽골복식 영향기에는 복식에 따라 두발장식이 변하기도 하였는데 남자의 편복 착용 시에 몽골식의 평정건이나 판립도 착용한 것으로 보인다.

2) 고려 여성의 관모

(1) 화관

화관은 신라 문무왕 때 중국 당의 제도를 따르면서 활수의, 색사대(와의·원삼)와 함께 들어온 것이다.

이것이 통일신라시대의 궁양이 되었고 다시 고려에 전송되어 귀족, 양반계급 부녀자 예복에 쓰는 관모가 된 것이다.

(2) 적관

고려왕비의 대례복에 사용하는 적관은 송황후의 구위사봉관을 참조하여 아홉 마리의 꿩과 네 마리의 봉황 열두 가지의 크고 작은 보주 장식들로 화려하게 꾸미고 좌우에 양박빈을 가식했다. 태종때 적관의 물목을 보면, 여러 가지 모양의 진주 6,260과가 있었다. 임진왜란때 적관을 실진하고는 그 후로 명나라로부터 적관을 가져온적이 없어 사용이 없었을 것으로 보인다.

〈그림 24〉 적관

(3) 칠휘관

고려의 공민왕조 왕비의 칠휘관은 『고려사(高麗史)』에 기록되어 있는 공민왕 19년 5월에 왕비가 착용하였던 고려시대 3기에 속하는 관모이다.

칠휘관의 모양은 꿩에 속하는 새의 깃털 7개, 2개의 봉화로 꾸민 비녀, 9개의 작은 꽃을 합쳐 큰 꽃 같이 보이게 장식하였다. 〈그림 24〉에서 살펴본 칠휘관의 구조는 산형을 상징한 모를 높이 솟게 하였으며 관대가 이마 전체를 싸고 머리에서 양쪽 빰으로 장식한 보전의 줄이 두서너

가닥 늘어 뜨려져 있으며, 흐트러지지 않도록 하기 위해 위를 덮어씌운 것을 관찰 할 수 있다.

또한 관의 구성은 관대부와 관모부 등 이중으로 하였으며 높이 솟은 관모부를 보이지 않게 머리에 얽어 맨 것으로도 보인다. 위로 올라갈수록 넓어진 관모의 상부에 꿩 털로 보이는 것을 우측에 비스듬히 7개 꽂은 것으로 보아 관의 명칭을 칠휘관이라 했을 것으로 보인다.

〈그림 25〉 칠휘관

(4) 족두리

족두리는 고고리라고도 하였는데 몽골에서 기혼녀가 외출할 때 쓰는 일종의 모자로 기혼녀의 수식으로 원 복속기에 들어와 고려의 궁양이 되었으며 화관보다 훨씬 후대에까지 널리 통용되었으며 두발 장식품으로 현재에도 재래 혼례식에 사용되고 있다.

〈그림 26〉 고고리 (고려 선종후태비 초상화)

〈그림 27〉 족두리

(5) 몽수 및 멱리

고려의 부녀자들이 나들이 할 때 머리에 썼던 검은 라로 만든 몽수가 있는데 그 값이 금 한 근과 맞먹었다. 『고려도경(高麗圖經)』에 의하면 "이것은 폭이 3폭에 길이가 8척이나 되며 이마에서부터 머리를 내려 덮고 안목만 나오게 하였으며 그 나머지는 땅에 끌리게 하여 착용하였다." 고 기록되어 있다. 몽수는 오호의 서역 부인의 두식이 중국의 수·당나라를 거쳐 고려에도 들어온 것이라 알려져 있으며 중국에서는 이를 멱리, 유모, 개두라 칭하기도 하였다. 또한 『고려도경(高麗圖經)』 비첩조에 "관부는 승첩이 있고 관리에게는 첩이 있는데, 백성의 처나 접역에 종사하는 비자도 복식이 서로 비슷하다. 그들은 일을 하고 시중을 들기 때문에 몽수를 아래로 내려뜨리지 아니하고 머리 정수리에 접어 올리며 옷을 걷고 다니고 손에는 부채를 잡았으나 손톱 보이는 것을 부끄럽게 여겨 많이 들 붉은 한삼으로 손을 가린다."는 기록으로 보아 내외용이라기 보다는 좀 더 자연스럽게 착용함을 알 수 있다. 이는 여성미의 은근함을 보이려는 장식적인 의미가 더 크다는 것으로 알 수 있다.

〈그림 28〉 입 (돈황 막고굴 217호)

〈그림 29〉 너울

6 장신구

1) 댕기

기혼녀의 수식으로 도투락댕기가 있으며 우리나라에서 댕기는 삼국시대 이전부터 사용되기 시작하여 귀족층의 소유물로 일반인들은 혼례용 의복에서만 사용할 수 있었다. 우리나라 도투락댕기로는 제비부리댕기, 쪽댕기, 고이댕기, 도투락댕기 등이 있는데, 머리를 땋아 그 끝에 두 가닥을 늘어지게 맺거나, 쪽지는 머리에 사용했다. 또한, 고이댕기, 도투락댕기는 예장할 때 쓰는 것으로 머리에 직접 사용하는 경우가 많았고 조바위 같이 머리 뒷쪽에도 댕기를 달았다.

〈그림 30〉 도투락 댕기

〈그림 31〉 제비부리 댕기

2) 비녀

비녀는 부녀자의 쪽진 머리가 풀어지지 않게 하기 위하여 꽂거나, 의례용 관이나 가발을 머리에 고정시키기 위하여 꽂는 용구중의 하나이다. 『송사(宋史)』에 의하면 "고려 여인들의 타계는 오른쪽 어깨에 늘어뜨리고 나머지 머리터럭은 아래로 풀어헤쳤다가 붉은 비단으로 묶고 비녀를 꽂았다."고 하였다. 즉 머리를 아름답게 꾸미기 위해 사용된 수식은 붉은 비단인 강라와 비녀가 대표적임을 알 수 있다. 고려시대에 사용된 수식들은 거의 전해지지 않고 비녀 몇 점만이 국립중앙박물관에 소장되어 있다. 종류는 4가지로 27.8cm의 동제 도금으로 봉황이 투각된 대잠(大潛)과 잠두(潛頭)가 닭 머리 모양을 한 15.2cm의 동제 중잠(中潛)이 있다. 또 잠두가 화형(花形)이며 옥으로 치장하여 은으로 도금한 22.4cm의 비녀가 있고, 고려의 비녀 가운데 가장 평범한 것으로 알려져 있는 동제비녀는 무늬가 없으며 길이는 16.2cm이다. 그리고 가체를 이용한 머리에 사용하였던 것으로 추정되는 ㄷ자형 비녀도 있는 것으로 보아 여러 가지 머리모양에 다양한 비녀들이 폭넓게 사용되었던 것으로 생각된다.

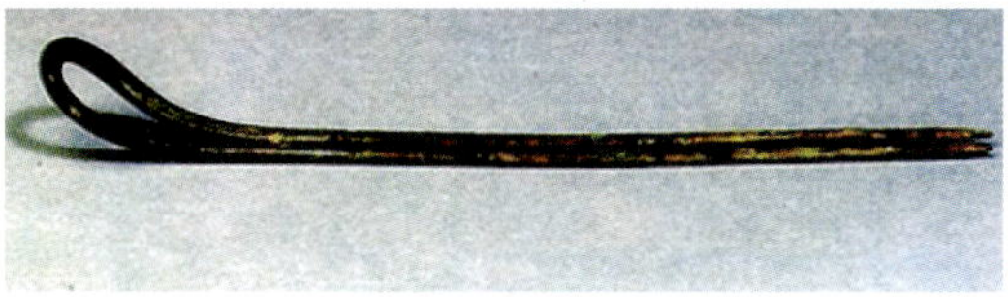

〈그림 32〉 비녀

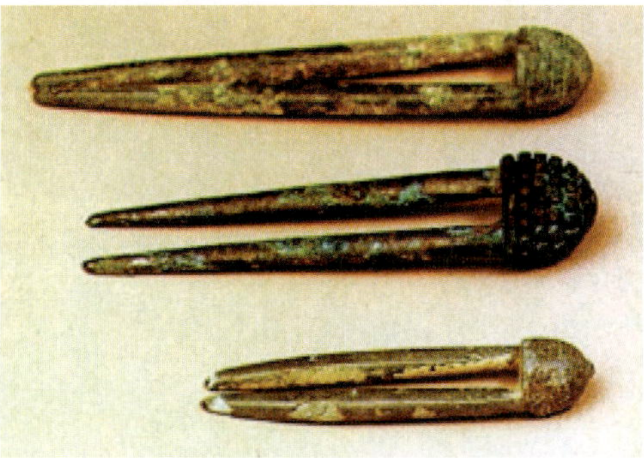

〈그림 33〉 불두잠

7 재현 및 따라하기

〈표 1〉 추마계

정면

뒷면

좌

우

〈표 2〉 추마계 따라하기 과정

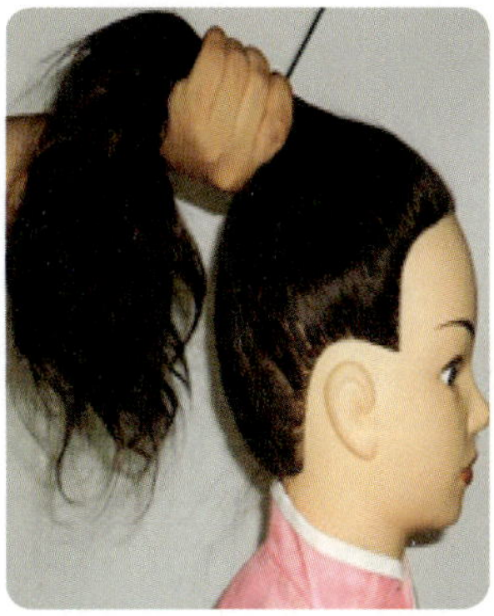

1. 머리를 정수리 쪽으로 쓸어 올려 묶는다.

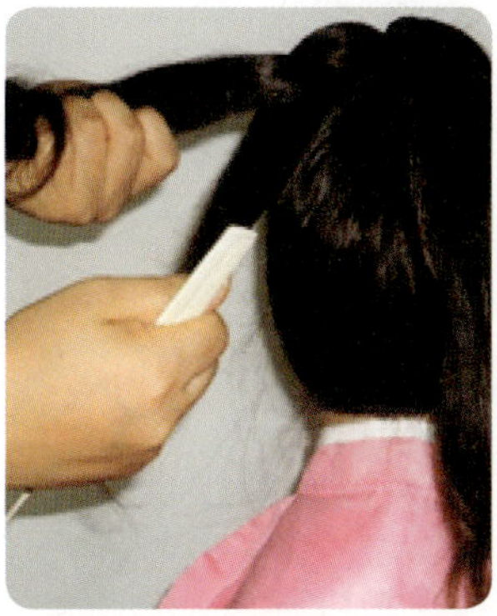

2. 묶은 머리를 다시 두 갈래로 나눠 꼬아 묶어준다.

3. 꼬은 머리위에 꼬은 가체의 중간 부분을 얹어 고정시켜준다.

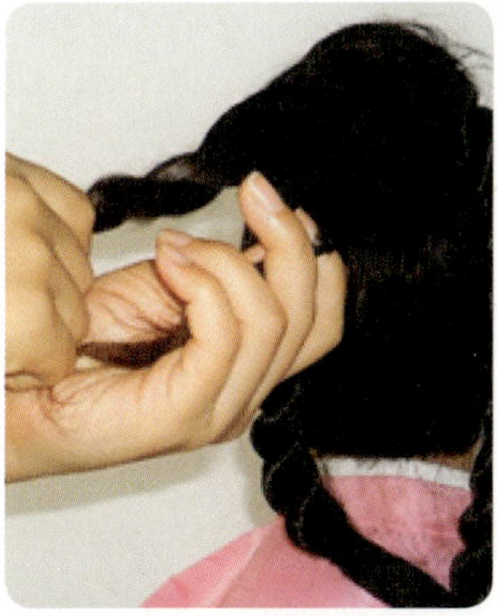

4. 묶어 놓은 두 갈래의 꼬은 머리를 다시 하나로 꼬아 합쳐 묶은 후 반으로 접어 고정해준다.

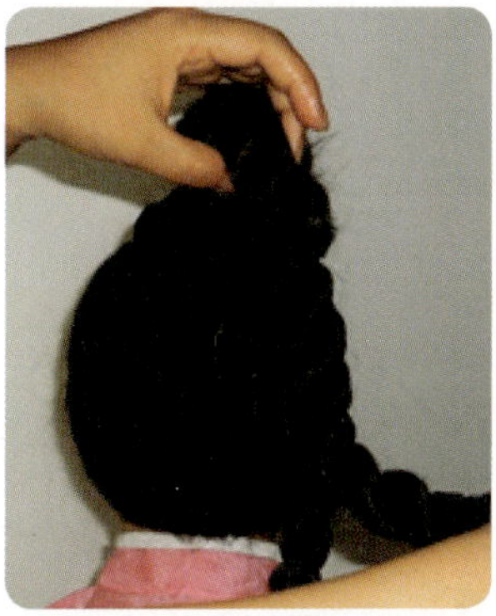

5. 고정한 머리에 달아놓은 가체를 이용해 묶은 부위에 돌려가며 풍성하게 만들어 준다.

6. 묶은 머리가 설 수 있도록 돌려준 가체를 유핀으로 고정시켜준다.

〈표 3〉 아환계

밀양 고법리 박익묘고분

정면

뒷면

좌

우

〈표 4〉 아환계 따라하기 과정

1. 머리를 곱게 빗은 후 정중앙에서 골든 포인트 쪽으로 4~5cm가량 가르마를 정해 양쪽으로 빗어준다.

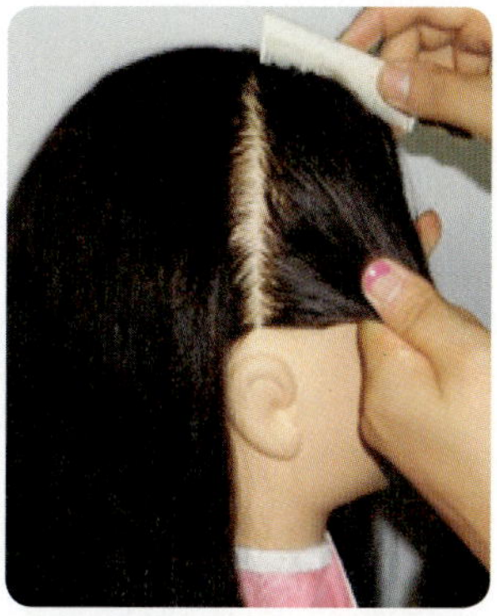

2. 정한 가르마의 끝 지점에서 이어 포인트까지 다시 측면 가르마를 정해 곱게 빗어 준다.

3. 골든 포인트 쪽으로 가르마를 중심을 위주로 좌우 대칭이 맞도록 정하여 U자형으로 블로킹을 타 묶어준다.

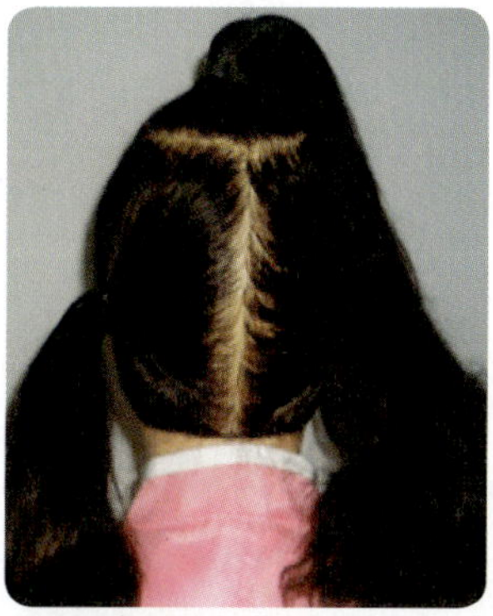

4. 나머지 부분도 양쪽으로 묶어준다. 이때 묶는 위치는 이어 포인트에서 네이프 포인트를 향하도록 하여 묶어준다.

5. 묶은 머리를 땋아 환을 만들어 매듭을 지어 고정시킨 뒤 가체를 이용해 매듭위 부터 돌려 모양을 잡아준 뒤 다시 한번 고정시켜준다.

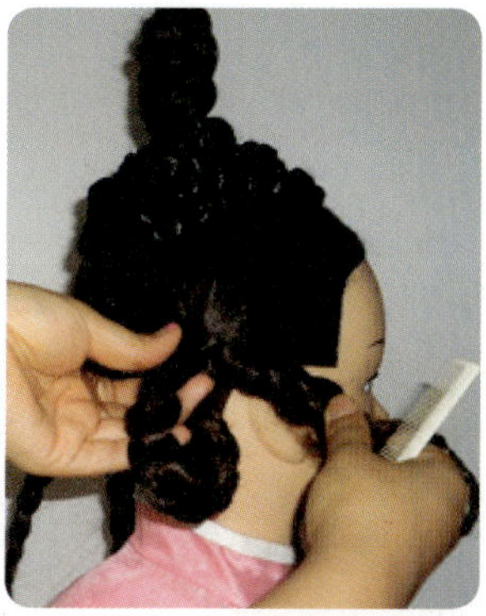

6. 양쪽 옆의 묶음도 5와 같이 해준다.

〈표 5〉 아환계

고법리 둔마리벽화

정면

뒷면

좌

우

〈표 6〉 아환계 따라하기 과정

1. 뒷머리를 올백으로 뒤로 모아서 틀어서 고정해서 다른가체를 올려서 고정한다.

2. 가체를 땋아서 탑에서 고정해둔다.

3. 삼환을 넣기 위해 기초작업을 을 해둔다.

4. 땋은가체를 삼환을 만들어 준다.

5. 가체의 끝을 펴서 마무리 해준다

6. 완성

CHAPTER

06

조선시대에 **표현된 우리머리**

1 문화적 배경

조선왕조 (1392~1910)는 고려시대의 널리 알려진 불교를 배척하고 국교를 유교로 삼았다. 신분제가 확실한 조선은 충과 효를 기본으로 하는 유교를 널리 알리기 위해 승유억불정책을 조선왕조의 지도 이념으로 내세웠다. 그러나 승유억불정책은 조선사회에서 학문의 다원적인 발전을 저해하고 다른 학문을 인정하지 않는 독단·독선의 그릇된 예를 남겼고, 새로운 시대의 개혁을 둔감하게 만들었으며 국력을 약화시키는 문제를 낳았다.

조선은 유교이념아래 주자가례를 장려했고, 점차 민중 생활 속까지 깊이 뿌리를 내렸으며 유교 윤리의 가정적·사회적 기능 중 관혼상제를 지키는 것이 매우 중요한 예(禮)로 자리잡았다.

따라서 예(禮)를 표현하고, 지키기 위한 목적을 가장 중요시 하였으며 예술 감각의 표현과 시대적인 미적 등에 부응하여 변천되어왔다.

태조부터성종(14세기후반~16세기)은 조선왕조 초기이다.

이는 다리를 이용한 커다란 머리를 선호하였던 시기로 궁양(宮樣)의 고계를 궁궐에서 사여 받아 사용하자 일반 서민들도 따라하여 다리의 가격이 서민의 10채의 집값을 호가하던 시기이다.

선조부터 경종(17~18세기)까지는 조선왕조 중기에 해당하며, 임진왜란(1598)과 병자호란(1636~1637)으로 인해 경제가 피폐해졌고, 상호적 신분제도 보다는 경제적인 권위가 중요한 시기적 요건이 되었다. 실학사상이 발달되었다. 이에 영조(1694~1776)대에는 사치한 고계양식이 문제 되어 부녀 계발급제가 내려졌고 영조에 이은 정조(1752~1800)는 가체신금절목을 내려 다리를 사용한 고계양식을 금지하고 족두리와 쪽머리를 대신 사용하

〈그림 1〉 조선시대 궁중 복식

〈표 1〉 조선 역대 왕들의 집권 기간 및 연도

순위	연대	수량
제1대왕	태조 6년(1392~1398)	57~74세
제2대왕	정종 2년(1398~1400)	61~63세
제3대왕	태종 18년(1400~1418)	33~51세
제4대왕	세종 32년(1418~1450)	21~54세
제5대왕	문종 2년(1450~1452)	36~38세
제6대왕	단종 3년(1452~1455)	12~14세
제7대왕	세조 13년(1455~1468)	39~52세
제8대왕	예종 1년(1468~1469)	10~20세
제9대왕	성종 25년(1469~1494)	12~38세
제10대왕	연산 12년(1494~1506)	19~31세
제11대왕	중종 38년(1506~1544)	19~57세
제12대왕	인종 1년(1544~1545)	30~31세
제13대왕	명종 22년(1545~1567)	12~44세
제14대왕	선조 41년(1567~1608)	16~59세
제15대왕	광해 15년(1608~1623)	34~67세
제16대왕	인조 26년(1623~1649)	29~55세
제17대왕	효종 10년(1649~1659)	31~41세
제18대왕	현종 15년(1659~1674)	19~34세
제19대왕	숙종 46년(1674~1720)	14~60세
제20대왕	경종 4년(1720~1724)	32~37세
제21대왕	영조 52년(1724~1776)	31~83세
제22대왕	정조 24년(1776~1800)	25~49세
제23대왕	순조 34년(1800~1834)	12~45세
제24대왕	헌종 15년(1834~1849)	8~23세
제25대왕	철종 14년(1849~1863)	19~33세
제26대왕	고종 44년(1863~1907)	12~56세
제27대왕	순종 3년(1907~1910)	33~53세

게 하였지만 그마저 어명으로도 지켜지지 못하였다가 정조이후, 순조 때 사라지게 되었다.

영조부터 순종까지는 조선후기이며, 이후 전국부녀자가 다리로 머리를 얹은 법을 없애고 자기 머리카락으로만 쪽을 짓게 하였다.

14세기 후반부터 전국에 퍼져있던 유행품관에게는 관직을 주지 않고 품계만 주어 생원. 진사와 같은 관직과 상관없는 자격을 주어 지배층으로 편제하였으며, 이들을 관직 진출권을 허용하고 천역과 세습하는 부류로 줄어들게 되었고, 노비만을 천역으로 간주하는 양천제가 확립되었다.

조선시대 가족제도의 단위로는 가부장적 가족이 있으며 이를 중심으로 형성되었다. 이에 따라 예학, 가족과 종족 상호간의 상상제례에 관한 학문과 보학, 종족의 내력을 기록하고, 암기하는 학문이 발달되었다. 조선사회는 봉건적인 사회 체계의 토대가 흔들리기 시작하였으며 농업 및 산업과 수공업 발달에 따른 화폐경제의 발전과 신분제의 변동, 농촌 민중문화가 대두 되었으며, 조선의 기생은 모두 관기였는데 그 수가 전국 30,000명 정도가 되고, 머리모양은 여염집 여성에게도 영향을 주었다.

2 머리형태

조선시대 가체는 부녀자 수식의 절대적인 조건이 되었다. "성종실록"에는 사람들이 고계(高髻)를 좋아하여 사방의 높이가 한 자가 되고, 이에 다리를 더하여 얹은머리를 높게 했다. 또한 본인 머리에 덧 올린 장식용 머리카락 다리를, 월자(月子), 가체(加髢), 수체(首髢), 다래, 달비라고 불렀으며, 이는 오늘날 가발(가모)을 의미한다. 조선시대에는 얹은 가체가 클수록 아름답게 여겨, 본인의 머리로는 만족하지 못하고 타인의 머리카락을 사서 크게 금은보화와 같이 머리에 장식하였다. 혼례나 명절 때 여인들은 좋은 다리로 얹은머리를 장식하는 것을 자랑이고 즐거움으로 여겼다.

성종과 연산군 때에는 얹은머리를 장식하는데 사치의 풍조가 심해 부녀의 얹은머리 높이가 사방 한 자나 되었다. 18세기 말에는 얹은머리가 유행하여 좋은 것은 그 가격이 60~70냥 정도였다. 얹은머리를 장식하는데 수백 금을 써야했기에 가난한 유생은 전답을 팔아 다리를 구입할 수밖에 없었다.

또한 혼인한 새색시가 다리를 구입하지 못하여 혼인한지 6,7년이 되어도 시부모를 뵙는 현구고례(見舅姑禮)를 거행하지 못하는 패륜을 저지르기도 하였다.

사방높이가 한자나 되는 다리는 무게가 엄청나 많은 사건사고가 전해져내려 오고 있다.

18세기 실학자 이덕무의 《청장관전서(靑莊館全書)》에서는 열 세 살 된 며느리가 얹은머리를 하고 방에 앉아 있다가 시아버지가 들어오자 갑자기 일어나려고하다가 얹은머리의 무게를 이기지 못해 목이 부러져 죽었다는 슬픈 이야기가 전해지고 있다.

〈그림 2〉 '미인도' 소재 트래머리 부녀상

〈그림 3〉 작가미상 18C 미인도

또 다른 일화는 영조 때 경상도 청송에 한선비가 살았는데 그 마을에 흉년이 들어 마을 사람들이 굶어 죽을 지경이였다고 한다. 선비는 군수를 찾아가 구황미(救荒米)를 요청 하였고, 군수는 청송 고을이 다리가 좋은 곳이므로 다리 열 개를 구해주면 쌀 열섬을 빌려주기로 하였다. 선비는 사당을 뒤져 다리 세 개를 찾았으며, 이웃 고을에서 네 개를 구했다. 나머지 세 개를 구해야 했는데, 선비는 아내의 장롱에서 두 개를, 딸의 장롱에서는 시집갈 때 쓰려고 마련한 칠보장식의 아주 고급스런 다리 한 개를 찾아 군수에게 바치고 쌀 열섬을 빌려 마을 사람들의 굶주림을 해결하였다. 그 후 선비는 딸의 초래(醮禮)를 거행하고 시댁에 가는 신행(新行)를 가지 못 했다. 3년이 지나 시댁에서 더 이상은 기다릴 수 없다 하여 3년전 군수에게 사정을 하여 가까스로 다리를 한 달 동안 빌려 초례를 올린 지 3년 만에 시집을 보낼 수 있었다는 설이 내려온다. 이와같이 사치뿐만 아니라, 인륜에 어긋나는 문제를 일으키는 얹은머리를 금지시키자는 논의가 많았지만 더욱 더 심해졌다.

얹은머리를 금하자는 논의는 1749년(영조25년)부터 본격적으로 시작 되었는데, 『세종실록』에 금지론자들은 "얹은머리는 예로부터 내려온 예법이 아니며, 또 타인의 머리카락으로 자기머리를 장식하는 것이니 어긋나고, 비용도 과다하기 때문에 금지해야 한다."고 주장하였고, 반대론자들은 "얹은머리는 『주례(周禮)』에서 언급된 것이므로 예로부터 내려온 예법이며 예법에 어긋난다고 할 수 없다, 또 타인의 머리카락을 쓰는 것은 『효경(孝經)』에 위배되나 사형수의 것을 쓰므로 예(禮)에는 합당한 제도이다. 다만 사치 때문에 이를 금하자는 것인데, 사치의 근본은 머리카락에 있는 것이 아니고 사람의 마음과 풍조에 있으므로 얹은머리를 금하고 다른 것을 쓴다 하더라도 사람의 마음과 풍속이 바뀌기 전에는 역시 여전히 사치하게 된다. 따라서 얹은머리를 금지하는 것은 아무런 효용이 없을 것이다"라고 반박하였다. 몇 차례의 거듭 반론 후 1756년(영조32년)에 영조는 사치스럽고 오랑캐의 풍속이라는 이유로 다리장식과 얹은머리를 금지하는 가체금지령을 반포했다. 그러나 특별한 대안을 제시하지 못하여 결국1736(영조36년)에 다시허용하게 되었다.

정조는 영조의 유지를 받아 얹은머리를 금지한다. 얹은머리 장식에 따른 사치와 폐단을 지적하고, 이를 금지하되 대체할 수 있는 제도를 마련하지 않으면 효과가 없음을 논하여, 정조는 영조의 유훈인 얹은머리의 금지를 문명으로 야만을 교화하는 것이라면서 정치적인 의미를 강하게 부여하였다. 머리를 장식하는 것은 물론 얹은머리 자체도 금지했고 대신 족두리를 제시했다. 이에 부녀자들은 신분의 차이를 표시할 수 없어 남편의 품계에 따라 족두리에 금이나 옥방울을 달아 구별하자는 논의가 있었으나, 정조는 이도 사치를 부른다고 금지했다. 그리고 『가체신금사목(加髢申禁事目)』을 제정, 반포했다.

〈그림 4〉 혜원, 신윤복의 풍속화 중 쓰개치마, 장옷 착용 부녀자(간송미술관 소장)

그 내용은 다음과 같다.

첫째, 사족의 처첩과 민간의 부녀가 다리를 땋아 머리에 덧붙이는 제도는 모두 금지한다.

둘째, 이를 대체하는 것으로 양쪽으로 땋은 머리와 사양계는 시집가기 전의 것이므로 사용할 수 없고, 족두리를 쓰되 검은색으로 한다.

셋째, 이를 금지하는 까닭은 사치를 막기 위해서이니, 족두리를 금은보화나 진주 등으로 장식하는 것 역시 금지한다.

넷째, 큰머리(巨頭味)와 어여머리는 명부(命婦: 봉작을 받은 부인)가 항상 쓰는 것이고, 민간에서도 잔치와 혼례 때 쓰는 것이니 금지하지 않는다.

다섯째, 족두리를 장식하는 것을 금지했는데, 혼인할 때 족두리를 빌리거나 빌려주는 것 역시 금한다.

여섯째, 상천(常賤)의 여인이 거리에서 얼굴을 내놓고 다니는 것과 공사천(公私賤)의 여인이 머리에 머리카락 올리는 것을 허용하되, 얹은머리에 다리를 하는 것은 금지한다. 궁중의 무수리, 의녀, 침선비, 기녀는 자기 머리카락으로 머리에 올린 후 가리마를 써서 등위를 구분한다. 내의녀는 종전대로 모단(帽緞)을 쓰며, 나머지는 검은색 석세베를 쓰도록 한다.

〈표 2〉《가례도감의궤》의 다리의 양

의궤	연대	수량	의궤	연대	수량
소현세자빈	1627(인조 5년)	40단	세자빈(선의왕후)	1718(숙종 44년)	48단
장렬왕후	1638(인조 16년)	68단	세자빈(효순왕후)	1727(영조 3년)	20단
세자빈(명성황후)	1651(효종 2년)	48단	세자빈(헌경왕후)	1744(영조 20년)	10단
세자빈(인경왕후)	1671(현종 13년)	48단	국혼정례 건	1749(25년)	10단
인현왕후	1681(숙종 7년)	20단	정순왕후	1759(영조 35년)	10단
세자빈(단의왕후)	1696(숙종 22년)	48단	세자빈(효의왕비)	1762(영조 38년)	5단
인원왕후	1702(숙종 28년)	48단	순원왕후	1802(순조 2년)	10단
세자빈(신정왕후)	1819(순조 19년)	5단	철인왕후	1851(철종 2년)	10단
효현왕후	1837(헌종 3년)	10단	명성왕후	1866(고종 3년)	10단
효정왕후	1844(헌종 10년)	10단	세자빈(순명왕후)	1882(고종 19년)	5단
세자빈(순종왕비)	1906(광무 10년)	10단			

일곱째, 서울에서는 동짓날부터, 지방에서는 동짓날에 보내는 관문이 도착한 후 20일이 지난 다음부터 시행한다.

여덟째, 시행일 이후 이를 위반하면 그 집의 가장을 엄히 다스린다.

「가체신금사목」은 그동안 반포된 금령 가운데 가장 구체적인 내용을 담고 있다. 1790년(정조14년)에 위의 금지 사목이 제대로 지켜지지 않고 오히려 더 사치했다는 이야기가 있으나, 이후 『조선왕조실록』에서 얹은머리의 사치에 대한 논의가 더 이상 보이지 않는 것으로 보아 19세기 이후에는 사라진 듯하다.

다른 금제들도 그렇듯이 가체금지령은 그 대상이 사족녀들에게 국한시켰기 때문에, 특히 노비를 포함한 천민층의 경우에 머리를 얹는 것이 금지된 적은 한번도 없었다. 머리를 얹더라도 가체를 쓰지 못하고 본래의 머리만 사용토록 함으로 얹은머리는 허용하되 사치 풍조만 막아보겠다는 의지를 보였다. 18세기말에서 19세기 초에는 쪽진 머리가 정착한 것 같다.

쪽진 머리를 하게 하고 족두리에 보석 장식을 금한다고 해서 부녀자들이 머리에 사치를 부리지 않았을까? 다리를 동원해 머리를 부풀리고 꾸미는 폐단은 없어졌으나, 다시 쪽머리에 걸맞은 화려한 표현법이 생겨났다. 비녀를 비롯해 쪽진 머리에 추가할 수 있는 각종 장식품으로 아름다움을 표현하는 방법이 생겨난 것이다.

서민들은 나무로 만든 나무비녀를 사용한 반면 사족녀들은 금·은·옥 등으로 만든 비녀와 각종의 화려하게 만든 뒤꽂이를 머리에 장식하여 아름다움을 나타내었다.

1) 대수(大首)머리

지금 현제 가장 유명한 대수머리는 영친왕비 대수다. 왕비의 대례복에 맞추어 착용하는 관으로 윤비의 대수와 의친왕비의 대수도 잘 알려져 있다. 이 두 분의 대수는 약간의 차이는 있지만 대체로 조선말기의 모습을 보여 준다.

크고 작은 진주와 비취로 만들어져 조선의 왕비를 위해 세상에 하나 밖에 없는 관이다.

선조는 임진왜란 이후 나라가 혼란기에 인목대비를 맞이하면서 예전처럼 칠적관을 구할 수 없어 다리로 관을 만들어 사용하였다. 이때부터 관을 만들어 사용하게 된 것이 대수이다.

이를 사용하면서 비용도 절약되고 전문 장인이 없어도 되고, 굿이 칠적관을 구하러 중국을 갔다 올 필요도 없어 비용도 절약 되었다.

가체 문제로 논란이 심했던 영조 때에 대수에 다리가 많이 들어가 대수의 제작에도 제약이 가해졌다. 영조는 "국혼정례"를 정해 자기 가례 때부터 경비를 대폭 축소시켰다. 이에 따라 대수도 다리의 양이나 부속품 등이 줄어들게 되었다. 이때의 모양이 남아 있는 게 없어 그 형상을 정확하게 알 수 없지만 대체로 영친왕비의 대수나 윤비의 대수와 유사할 것으로 보인다.

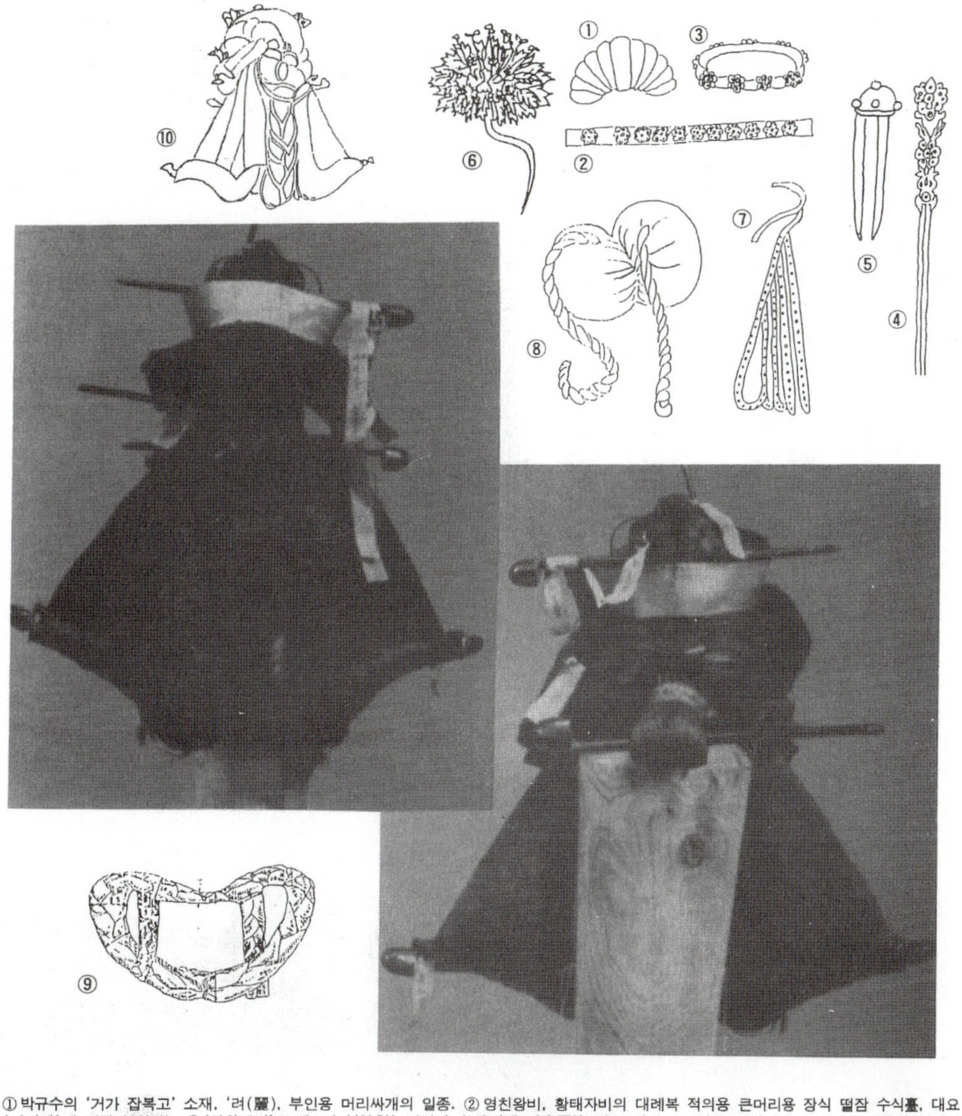

① 박규수의 '거가 잡복고' 소재. '려(麗), 부인용 머리싸개의 일종. ② 영친왕비, 황태자비의 대례복 적의용 큰머리용 장식 떨잠 수식臺, 대요(머리테)에 떨잠 부착 飾. ③ '악학괘범' 소재, 피발(被髮) 여기의 수식. '대요(臺腰)', 검은 비단으로 만든 머리테에 금, 도금, 진주와 여러가지 보석으로 꾸민 수식을 부착하여 머리에 착용한 후, 〈도3-3-19-④〉 삽식.④ 채(釵), 금 또는 도금으로 하여, 진주등 각종 보석으로 치장. 女妓의 수식용. ⑤ 비녀, 고려시대 비녀 유형과 같은 수식용 잠. ⑥ 수식용 수화(首花), 대요(머리테)식 후, 앞, 뒤, 양, 옆 등에 수식. ⑦ '악학괘범' 소재, 여기용 유소(流蘇), 자색초로 만들어, 금화문 금박 댕기, 여덟가닥. ⑧ '어염족두리', '솜족두리'라고도 하며, 어여머리 밑받침 족두리. ⑨ '떠구지'라고 하며, 큰머리, 거두미(巨頭味)를 꾸밀때 사용하는 나무, 머리모양을 만들고, 검게 색칠함. ⑩ 국말 황후, 황태자 대례복 적의 착용시, 큰머리를 만들때 사용하는 수식품, 대수(大首), '운환(雲環)'이라고도 함.

〈그림 5〉 두식품류 (1)

2) 거두미

대표적인 궁중예장용머리이다. 나무로 만들어 어유미에 부착해 올린머리 모양이다. 거두미는 원래 다리를 엮어 만들어졌다. 대수와 함께 체발로 만들어 졌는데 정조 3년에 가체금지령이 내려지면서 왕비와 왕세자빈을 제외하고는, 명부 중에서도 궁중에서 품계를 가진 귀인 등 후궁들인 내명부와 부녀가 사용한 것은 나무로 만들어진 거두미를 사용하도록 한 것이다.

〈그림 6〉 거두미

3) 어여머리(어유미)

어여머리는 두른머리이다. 함경도 방언에 보면 "어여"는 두른다는 "만"이는 머리카락으로 되어있다. 조선후기학자 이귀경 오주연문장전산고를 보면 "어여만"이 있다. 신분적인 계급의 표시와 부와 권력을 상징하는 머리이기도 하지만 봉과 황이 있다. 봉을 받아줄 수 있는 넓은 터를 상징한다고도 한다. 이는 풍성함과 넉넉함을 상징하지 않을까라는 사려가 된다. 어여머리에 떨잠을 하는 것은 가체가 더욱 크게 보이기 위함이며 가체를 통해 자신의 권력이 크고 높다는 것을 말한다.

궁중에서 비빈에서부터 상궁, 나인에 이르기까지 궁중 내의 가례, 진찬, 친현등 의식을 차려야 할 필요가 있을 때 신분별 복식과 함께 한 머리이다.

영조시대 이형상 "병와집"에는 복식과 머리 모양에 따른 격식이 장황할 정도로 다양하게 수

〈그림 7〉 어여머리

록되었다. 명부 중 거두미는 내명부, 어유미는 외명부가 사용하는 것으로 되어 있다. 명부는 부녀로써 국가가 권익을 인정해주는 신분을 말하며 왕족녀의 내명부와 왕족이지만 출가해서 산다든지 고위 관리 부인인 외명부를 말한다.

어유미를 만들기 위해서는 많은 다리가 필요하다. 궁중내의 행사가 벌어지면 전국에 공문을 보내 다리를 수집했고, 모아진 다리는 대부분 어유미 만드는데 사용되었다. 가례도감의 궤에는 수식을 하는데 체발(다리)이 얼마나 필요한 것으로 어유미가 반드시 포함되어 있다.

정조실록에 의하면 어유미와 거두미는 바로 명부가 상시 착용하는 것인데, 인가에서 잔치와 혼례 때에 사용하는 것을 금단하지 말아 달라는 내용으로 보아 정조대에 이르러 결혼이나 잔치에 평민도 과장된 머리 형태인 어여머리와 큰머리를 연출 했다는 것을 알 수 있다.

조선시대 가체금지령 이후에 남아있는 머리 중 궁중에서의 예장용 머리이다.

4) 첩지머리

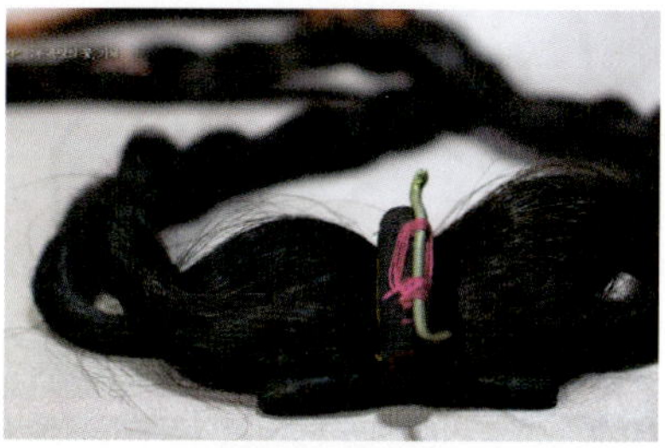
〈그림 8〉 첩지머리

첩지머리는 족두리가 번거로워 그 대체용으로 사용된 것이다. 가체 금지령이후 가체 대신 쪽머리에 족두리를 쓰도록 했는데, 족두리가 번거롭기도 했지만 몽골의 풍습이라 해서 비난이 일자 사용하지 않고 대신 첩지사용이 일반화되었다.

첩지 모양은 용첩지, 봉첩지, 개구리첩지, 흑첩지가 있는데, 용첩지는 은에 금도금을 한 것은 황후용이고, 봉첩지는 은, 금도금을 한 것으로 비빈용이다. 개구리첩지는 동으로 만들어 졌으며, 틀을 만들어 졌기 때문에 모양이 일정했다. 때로는 은에 금도금을 하는 경우도 있다. 흑각으로 만드는 첩지는 동남아산 무소뿔로 만든 개구리첩지로 상중일 때 부착하고 상을 마치면 태우거나 따로 보관한다.

첩지머리는 신분사회를 살아온 조선시대 여인들의 머리모양 변천을 보여 준다.

5) 쪽머리

역사가 가장 오래된 머리이고, 가체금지령으로 보편화된 머리이며 조선시대 정조 이후 사대부 사이에 가장 널리 하게 된 머리모양이다.

기혼녀의 대표적인 머리이다. 삼국시대의 쪽머리는 뒤통수에 낮게 트는 양식으로 쌍영총 벽화의 부인에게서 알아 볼 수 있다. 조선시대 말기에 편찬된 민주면의 "동경집기" 책에는 신라때 북쪽이 불안하게 느껴져 부녀자들로 하여금 뒷머리에 머리를 뭉치게 해서 북계라 부르게 한 것이 쪽머리를 있게 한 유래가 되었다고 설명한다. 이에 동경집기에는 쪽머리 비녀의 대해서는 언급하지 않았다. 비녀를 꽂은 때는 고려시대 불화에 비녀를 꽂은 쪽머리가 보이며, 송나라 역사서인 "송사"에 고려여인들이 쪽에 비녀를 했다는 기록으로 이를 뒷받침해 주고 있다. 이러한 역사서를 볼 때 고려시대 이전 까지는 비녀를 하지 않았다는 것을 알 수 있다.

원나라의 간섭을 받으면서 궁중의 여인들이 외출 할 때 비녀를 한 쪽머리에 족두리를 올려 착용하는 관습이 시작되고 이런 관습은 조선에 까지 이어져 계속 궁양이 되었다.

가체금지령 때 가체를 금지하고 궁양을 권장했으나 원나라의 관습이라 하여 반발이 생겨 족두리를 벗고 쪽머리가 보편화 되었다.

조선 말기에는 궁중여인들과 사대부여인들을 제외한 일반 부녀자들 사이에는 낮고, 작게 때로는 두 개를 만들어 작은 비녀를 꽂은 형태로 바뀌었고 신분제도가 폐지되면서 다시 크게 해서 위로 올라가는 형태로 바뀌었다.

6) 고계(밑머리)

삼국시대부터 조선시대에 이르기까지 중국에 영향을 받아 본머리와 가체를 이용하여 높게 올린 형식의 머리 형태이다.

조선시대가 시작되면서부터 여성들의 대표적인 머리모양은 고계로 표현되어있고, 조선시대 중기에 이르러 사회의 문제가 되었던 가체머리, 트레머리역시 고계의 일종으로 표현된 것이다. 고계는 두 가지로 나눌 수 있다. 본인 머리로 모양을 낸 것과, 가체를 이용하여 올린 것으로 구분할 수 있다. 지금과 달리 조선시대 여성들은 머리가 풍성하여 본인 머리로도 얼마든지 고계를 표현할 수 있었다. 적어도 조선초기까지는 본머리로 많이 하였을 것으로 보여 지고 있으며 중기부터 후기로 갈수록 가체를 사용한 것으로 보인다.

7) 가체머리

조선시대 사치와 폐단으로 사회적인 문제가 제기된 머리 형태이다. 다른 사람의 머리를 덧대어 치장하고 궁중에서 신분상승상 격식을 갖추기 위해 사용했다. 가체는 궁중 결혼식인 가례(嘉禮)때, 왕이나 왕세자, 왕세손 그리고 공주의 결혼식 때 가체를 올려야 하기 때문에 대량이 필요했다. 가례도감의궤(嘉禮都監儀軌)를 보면 누구의 결혼식에 체발이 어느 정도 사용되었는지 알 수 있다. 이렇게 사용하던 체발이 서민들까지 널리 퍼지게 되어 가체머리가 사용되었다. 가체가 조선 중기 때쯤에 민간에게 유행이 시작된 것으로 보이고, 처음엔 가례 때나 썼던 가체를 서민들이 색다르게 흉내만 내려하다 치장하고 색다른 것을 추구하고, 가체를 좀 더 많이 올리려는 욕구 쪽으로 진전되다보니 사치가 도를 넘게 되었다.

궁중여인들의 머리를 기녀들이 따라하여 유행을 만들고, 여염집 여인들에게까지 시선이 끌려 가체머리를 하게 되었다. 가체를 크게 할수록 머리는 더욱 아름답게 보인다는 걸 알게 되었고, 그리하여 탐스럽고 윤기 나는 가체를 구하기 위해 많은 값을 치르는걸 아끼지 않았다. 머리모양은 갈수록 더욱 더 화려하고 높아져 값도 만만치 않았다.

조선중기를 지나면서 사대부가 여인들은 머리를 더욱더 화려하고 풍성하게 올리면서 유행이 되었고, 기생들은 트레머리를 크게 하여 머리에 두르기 시작하였다. 임진왜란과 병자호란을 겪으면서 주춤하던 가체머리가 숙종 때를 들어서면서 다시 성행하게 되었다.

(영조25년)에 여인들의 가체머리가 도가 치나 칠 정도로 화려하고 사치스러워 사회적인 문제가 제기되기 시작하여 조정회의에서 논의 될 정도였다.

시집 온 며느리가 시아버지가 들어와 예를 지키려다 목이 부러지는 사고가 있을 정도였고, 가체가 서민들의 집값이 열 체 값을 넘을 정도로 고가다보니 가체를 구하지 못해 가난한집 신부는 시부모한테 인사를 드리지 못하였다. 가체머리는 예를 중요시하는 조선시대에 기본이 됨을 알 수 있다. 영조왕은 가체금지령을 내렸지만 실효를 거두지 못하였고, 정조 때 가체금지령을 제대로 시행되었다. 19세기 이후 순조 때부터 가체머리를 찾아 볼 수 없게 되었다.

8) 트레머리

조선시대 가체금지령이후 기생들만이 할 수 있는 머리를 말한다. 가체금지령 이후 활동이 왕성했던 신윤복, 김홍도의 풍속도를 보고, 방법과 모양이 차이가 나는 것을 볼 수 있다. 같은 고계이면서도 모양이 다르다는 것을 풍속도에 나타나 있는 것과 같이 형식이 다르다는 것을 알 수 있다.

18세기 가체금지령 이 후에도 가체머리를 볼 수 있었으나 19세기에는 여염집 여인들이나 사족의 여인들은 쪽머리를 하여 가체머리를 볼 수 없었는데 비해 기생들은 더욱더 화려해지는 것을 알 수 있다. 트레머리는 19세기 말 왕조가 붕괴 되면서 기생들도 트레머리를 하지 않게 되고, 쪽머리를 하거나 본머리로 가볍게 올리는 정도의 머리를 하게 되었다.

〈그림 9〉 트래머리, 착수 회장저고리, 치마 착용 풍속화

9) 관기머리

궁중이나 관아에 속해 있으면서 유흥 때나 각종 연회에 춤과 노래를 하는 여성의 머리이다.

연회나 유흥 때 춤과 노래를 하도록 채용 된 하층 계급의 여성들로 제도적으로 그런 일만 하도록 된 신분의 관기들이 하는 머리이다.

관기는 역적으로 인정된 가족, 호적처럼 기적이라는 것이 있어서 아이를 낳으면 종으로 보내거나 아니면 기녀로 자라야 했다. 이들은 죄가 풀리거나 몸값을 치루고 자유의 몸이 되는 것이 이들의 소망이다.

관기들은 관청에 소속되어 있어 국가가 지정하는 격식대로 차려야 했고, 궁중의 연회에 참석하기 때문에 궁중의 유행에 민감하게 반응을 보일 수밖에 없었다. 그들이 궁중과 서민들의 유행을 교감 할 수 있게 하는 매개체 역할을 했다고 볼 수 있다.

관기들은 궁이나 관아 바깥의 행사에 따라 머리모양을 달리하였다.

10) 얹은머리

삼국시대 이래 우리나라 부녀의 기본머리 모양이다. 조선시대를 접어들면서 명제궁양을 본받아 얹은머리에 가체를 드려 머리가 예전보다 훨씬 크게 높아지기 시작 했다.

성종 때에는 얹은머리 높이가 1척이나 되었다고 한다. 기본적으로 필요한 가체의 이용뿐만 아니라, 그 위에 금, 은, 진주장식 등을 하여 엄청난 사치를 유발했다. 이러한 경향은 연산군을 지나 임진왜란, 병자호란을 겪으면서 더욱 뿌리 깊게 번져나가 자연히 사회적인 병폐를 유발하였다. 가체를 미처 준비하지 못해 혼인을 수년씩 늦추는가 하면 며느리를 보아도 머리를 올려줄 수 없어 혼인한지 6~7년이 되도록 폐백의 예를 행하지 못하는 폐륜에 이르렀다. 조선중기 때까지는 궁중 여항의 부녀를 막론하고 여인이라면 모두 가체로 꾸민 얹은머리를 즐겼다.

영조3년(1727년)에 가례 때 소용되는 체발을 50속에서 20속으로 줄이라고 명령했으나 이에 사치는 줄어들지 않자 영조32년(1756년)에는 "사족부녀의 얹은머리를 금하고 속창 족두리로 이를 대신하게 한다."는 법령을 내리기에 이르렀다. 그럼에도 바뀌지 않자, 정조12년(1788년) 10월 3일에 가체금지령을 전교와 함께 8개항에 달하는 가체신금절목을 작성하여 발표 하게 되었다. 본머리로도 얹는 것조차 일체금하여 대신 쪽머리를 하라는 것이며 사치스러운 금, 은, 진주의 장식을 완전히 금하였다. 그 후 30년의 세월이 흐른 후 순조 중엽부터 얹은머리는 보기 힘들었고, 쪽머리가 정착된 시기는 순조 말엽부터였다.

11) 둘레머리

서민 부녀자들과는 달리 출가와 동시에 육아, 농업노동, 가사노동, 직조노동 등 여러 가지 일을 하였기에 시간과 경제적인 어려움으로 인해 본인의 머리카락을 이용하여 얹은머리를 하였다. 조선중기 임진왜란 이후에는 저고리가 짧아지고 쪽머리와 본머리만을 이용해 얹은 둘레머

〈그림 10〉 신윤복 – 여속도첩 1면『연당의 여인』

리로 대체했다.

둘레머리는 조선후기 일반 서민 부녀자들의 머리모양으로 가체를 사용하지 않고 본인의 머리카락으로만 머리를 얹은 것으로 보여 진다.

12) 새앙머리(사양계)

새앙머리 양식은 다리 한 쌍을 땋아 밑에서부터 말아 올려 머리 뒤에 둥그렇게 놓고 자주댕기를 매는 것이다. 생머리에 자주댕기를 드리는 것은 일정하지 않아, 왕을 모시는 지밀내인은 네 가닥, 침방, 수방의 생 각시들은 두가닥이며, 그 밖의 처소의 아기내인은 새앙머리도 못했다. 중종 무렵의 초상화로 밝혀진 문관 부부상에 의하면 시녀들이 뒷머리에 생이 있는 머리를 하고 있으므로 새앙머리에 대한 변화로 어느 정도 알 수 있을 것 같다.

13) 조짐머리

궁에서 하는 머리 모양 중에서 가장 약식의 머리 모양으로 다리를 땋아 가지고 비비 틀어서 뒤에 붙이는 머리로 이 머리에 첩지를 달았으며 지밀상궁들의 경우 아침저녁으로 당번제 근무를 했는데 아침에 침전에 올라갈 때는 어여머리를 쓰고, 저녁 근무일 때는 숙직을 하는 것으로 조짐머리를 하였다. 외명부가 입궐할 때 쓰던 발양이도 하였는데, 정조 시대 가체금지령이 내려진 이후 얹은머리 대신 쪽머리 모양새를 하게 함으로써, 쪽을 돋보이게 하기 위하여 생긴 것으로 보인다.

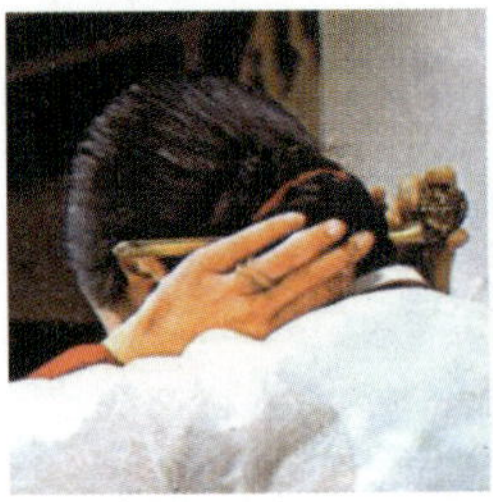

쪽진머리(후계, 북계, 낭자, 민머리, 기혼녀) 쪽댕기
우측(조선말기)

얹은머리(기혼녀)
가체의 고계 유행(정조때 금령) 쪽댕기

첩지머리(예장때 가리마위에 얹어 장식)
황후(용) 왕비(봉) 내 · 외 명부(개구리) –명성황후–

어여머리(어유미, 또야) 예장용
어염(솜)족두리를 쓰고 큰 다래머리를 얹어 매개댕기로 고정. 떨잠 장식

큰머리(거두미, 떠구지) 궁중 의식용
어여머리+떠구지, 쪽댕기

대수머리(궁중 의례용 가발)
머리를 어깨까지 곱게 빗어 양끝에 금봉잠, 뒤에 땋은 머리에 자적댕기, 비녀, 떨잠장식 –여인천하, 명성황후–

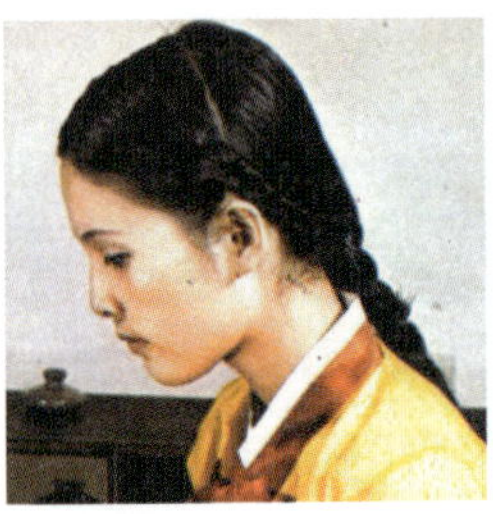

땋은 머리(귀밑, 미혼녀)
홍색 제비부리 댕기

새앙머리(궁중 애기나인 예장용)
두 갈래로 땋은 머리를 두 덩어리로 잡아맴 –대장금–

종종머리(바둑판, 어린이)
앞가리마 좌 · 우 한쪽에 세층식 세줄 땋거나 뱃씨(梨種子)댕기를 놓아 함께 땋은 머리, 말뚝댕기

〈그림 11〉 머리모양과 수식(首飾)

가체를 열 가닥으로 땋아서 "소라딱지" 비슷하게 크게 들어 첩지 끈과 함께 쪽을 진 후 비녀를 꽂고 뒤꽂이로 수식하였다.

『사절복색자장요람』에 이런 내용이 있다. "조짐머리는 10월부터 정월까지 도금한 용잠을 꽂고 2월에는 옥모란잠을 꽂는 것이 좋으나 조심스러울 때에는 은모란잠을 꽂아 대신하여도 좋고 옥모란잠은 호사락때 꽂으면 더욱 좋다."라고 전한다.

14) 낭자쌍계

백제조에 따르면 "부인들은 분대를 바르지 않고 여자는 변발을 뒤로 늘어뜨리는데, 출가하면 양쪽으로 나누어 머리 위에서 둥글게 튼다."고 하였다. 이것은 쌍계 형태를 의미하는 것이다. 고구려 때부터 조선시대까지 행해졌고, 조선정조12년(1788년) 10월 신묘조에 비변사에서 올린 가체신금절목에 쌍계는 시집가기 전 낭자들이 한다고 하였는데 이는 귀밑에서 양쪽으로 묶어 아래로 늘어뜨린 형태라고 본다. 인조때 예조의 계에서는 "왕세손 책례 때는 쌍등계, 쌍옥드, 공정책을 한다."하여 책례 때 남자가 쌍계를 틀었음을 알 수 있다.

15) 벌생머리

쪽머리의 일종으로 일반적으로 한쪽만을 지어 올리지만, 벌생머리는 양쪽을 쪽지어서 풍성한 모양새를 연출한다.

쪽이 보편화 되어 있는 걸 보면 정조 이후에 그려진 것으로 보이며, 쪽이 아래로 내려와 있는 풍속화의 회화를 보면, 조선말 서민 여성들 사이에서 유행하고 있던 쪽머리라는 것을 의미한다.

16) 배씨머리

태어나 처음으로 다듬은 머리가 배씨 머리이다. 보통 5세 전후로 머리카락이 한 움큼쯤 잡힐 때이다. 배씨라는 명칭이 붙은 것은 머리숱이 아직 적어 묶을 수 없기 때문에 배씨 댕기라는 댕기를 이용하기 때문이다.

배의 씨처럼 생긴 장식을 은으로 만들어 댕기에 올렸기 때문에 이런 명칭이 붙은 것이다.

17) 바둑판머리

태어나 두 번째 머리모양으로 5세 이후나 10살 이전의 머리 길이로, 조선 여성들은 이때쯤 어린 여자아이 머리를 단장하고 가리마 중앙에 칠보로 된 장식 두 개를 나란히 붙여 주었다. 모양이 마치 바둑판 위의 무늬처럼 되어 있어 이때의 머리모양을 바둑판머리라 불렀다.

조선시대에는 머리카락은 태어나서 죽을 때까지 소중히 다루어야 하는 유교사상 중에 최대의 덕목인 효가 기본이기 때문이다. 신체발부(身體髮膚)는 부모로부터 물려받은 것이므로 그것을 함부로 하지 않는 것이 효도의 시작이라 하여, 아침, 저녁으로 머리를 빗을 때에도 빗에 묻어 나오는 머리카락조차 버리지 않고 모아 두었다.

이 시대에는 머리를 평생 잘라서는 안 되는 것이어서, 일생을 통해 머리 모양을 바꿔야 할 때가 되면 격식과 절차를 거쳐야했다.

바둑판 머리는 태어나서 두 번째 머리로 격식과 절차의 준비단계라고 할 수 있다.

18) 종종머리

아직 처녀 소리를 듣기엔 이르고, 그렇다고 어린애 소리를 듣기엔 좀 커버린 소녀들이 했던 머리 모양이다. 열한 살에서 열다섯 살 정도의 나이이다.

종종이란 말은 종종걸음의 종종과 같은 의미로 보인다. 가르마를 타고 양 갈래로 나누어진 머리를 각기 세 가닥으로 촘촘히 땋아 뒤에서 모은 다음 도투락댕기나 말뚝댕기를 들여서 다시 땋아 내린 머리모양을 말한다.

태어나서 처음으로 자기 머리카락만으로 머리모양다운 형태를 갖춘 것이다.

19) 땋은머리

우리나라 여성들의 머리모양 중 가장 오랜 역사를 지닌 머리다. 조선 말 궁중에서도 지밀이나 침방, 수방에서 일하는 나인들은 새앙머리를 했지만 그 외에 허드렛일을 하는 나인들은 여염의 처녀들처럼 땋은 머리를 하였다. 땋은 머리는 댕기머리라고도 하고 귀밑머리라고도 한다. 머리카락이 충분히 자라 형태를 갖추어 땋을 수 있도록 되었을 때 가리마 양편으로 나누어 머리를 뒤로 모아 한 가닥으로 땋은 머리 모양을 말한다. 이렇게 땋은 머리 맨 끝에 자주 댕기를 드리운 머리 모양을 댕기머리라 한다. 양쪽 귀밑머리를 촘촘히 땋은 다음 뒤로 가져다 다시 한 가닥으로 크게 땋은 머리는 귀밑머리이다. 땋은 머리는 혼인을 하지 않은 남녀가 한 머리이다.

〈그림 12〉 땋은머리

3 복식형태

조선시대는 신분사회가 정확한 시대에 고려시대의 복식을 그대로 계승하였다. 한민족은 머리카락과 피부색이 모두 같기 때문에 주로 복식을 통해 신분의 상징을 표현했다.

조선 태조 때에는 고려 말에 개정한 관복을 그대로 착용했고, 태종과 세종에 이르러서 예제가 확립되었고, 조선중기에 임진왜란, 병자호란 등을 치르는 동안 중국에서 명나라가 망하고, 청나라가 등장하였고 조선시대의 관복을 그대로 고수하면서 우리 민족의 복식이 정착되기 시작하였다.

〈그림 13〉 조선시대 궁중진연복식

〈그림 14〉 조선말기 순종황제비 순정효황후(윤황후) 적의 유물 (세종대 박물관 소장)

〈그림 15〉 1901~1989 조선말기 영친왕비(이방자) 적의 착용모습(창덕궁박물관 소장) (간송미술관 소장)

〈그림 16〉 신윤복 풍속화, 주막도(酒肆擧盃) (간송미술관 소장)

조선시대의 여자복식은 구조상 많은 변화를 거친 것은 아니었다. 왕비복은 명나라의 관복을 통하여 중국의 모습 그대로 왕비복이 예복으로 되었다. 우리나라 고대 복식의 인습 속에 시대에 따라 변해온 저고리, 치마 등이 국속을 함께 입어 이를 바탕으로 전승되어왔다.

궁중예복으로 적의, 원삼, 활옷, 당의로 구분하고 일반 의복으로 저고리, 치마로 구분 할 수 있다.

4 화장형태

윤리를 생활의 기본으로 삼아 조선시대의 여인들의 화장은 조선시대 사대부 가정백과 라고 불리는『규합총서』에서는 다양한 머리모양과 10가지의 눈썹 그리는 법, 입술연지 바르는 법이 기록되어 있으며, 사람의 인상을 중요시하는 눈썹형태에 관한 화장이 신중했다는 점이 독특하게 표현되어있다.

조선시대 숙종 때는 화장품만을 취급하는 매분구가 존재하여 화장품을 판매하면서, 여인들에게 화장을 널리 확산 시켰으며, 이를 통해 생활화장과 특수층 여성의 의식화장이 더욱 뚜렷해졌다. 또한 조선시대 화장품의 생산판매가 산업화할 조짐을 보일 정도로 다량의 소비되었고, 일시적이긴 하나 궁중에 화장품생산을 전담한 "보염서"가 설치된 적도 있다. 조선시대 중기에 접어들면서 장기간에 걸친 임진왜란, 정유왜란으로 인한 경제적, 정치적인 위기를 겪었고, 정조 시대 가체금지령이 내려지면서 변화와 사회 풍조의 사치를 막기 위해 옷차림, 장신구, 화장에도 영향을 미쳤다.

〈그림 17〉 분합분물통

〈그림 18〉 동경

5 두식

조선시대는 유교사상을 바탕을 둔 유교적 윤리 문화가 사회 생활 저변에 뿌리 박혀 사회적 신분 계층에 두식의 형태와 재료 사용은 엄격한 규제가 따랐다는 것을 알 수 있다. 경국대전을 통하여 조선시대 이래 모든 규범을 유교식으로 재정비하여 예와 격식을 갖추었다.

두식의 형태는 미혼녀는 채머리와 생머리 사양계, 낭자쌍계, 기혼녀는 조선 중기까지 가체로 얹은 머리를 하였으나 정조때 가체신금절목인 가체금지령 이후 반가의 규수들은 쪽머리를 상천인들은 얹은 머리를 하였다.

②

①

①

① 화려하게 꾸민 회관
② 소박하게 꾸민 족두리

①

②

〈그림 19〉 여러가지 화관 및 족두리 전세 실물(경희대학교 박물관, 온양민속 박물관 소장)

품계에 따른 두식을 보면 내외명부의 두식을 보면 의례용 두식인 대수, 거두미, 어유미가 있고, 평상용 두식 첩지머리, 조짐머리, 쪽머리가 있다.

궁의 지밀상궁들은 첩지머리, 조짐머리를 하였고, 어린나인들은 새앙머리를 하고, 일반부녀자들은 얹은머리, 쪽머리(북계, 낭자쌍계)가 있다.

1) 쓰개

예장용과 외출용, 방한용 그리고 머릿수건으로 나뉜다. 예장용은 사대부 이상 상류층에 해당되는 것으로 적관, 화관, 족두리, 예관, 면사 등이 있다.

화관은 기녀들이 착용했던 것으로 꽃 장식으로 두르고 나비를 하늘거리게 만들어 부착한 관이다. 예관은 조선조 말 궁중 여인들이 착용했던 족두리형 쓰개는 혼례용이다. 외출용으로는 너울, 전모, 가리마, 갓, 장옷, 쓰개치마, 천의 등이 있다.

2) 흑립(갓)

조선시대 남자의 표상으로 자연 환경으로부터 신체를 보호하기위한 실용적인 용구로서의 '쓰개'였으나 신분사회에서 사회성을 갖는 갓으로 발전하였다. 문화적 번성과 더불어 갓 문화 전성기를 맞으며 다양한 장신구와 함께 조선시대 남자복식에 중요한 상징이 되었다.

단순한 용도를 넘어 선비들의 풍모를 나타내며, 다른 나라들과 달리 남자의 한국적인 이미지를 대표하는 관모였다.

〈그림 20〉 신윤복 – 혜원 전신첩부분 『월하정인도』
소장 : 간송미술관

〈그림 21〉 갓

6 장신구

1) 댕기

〈그림 22〉 고이 댕기 전세 실물

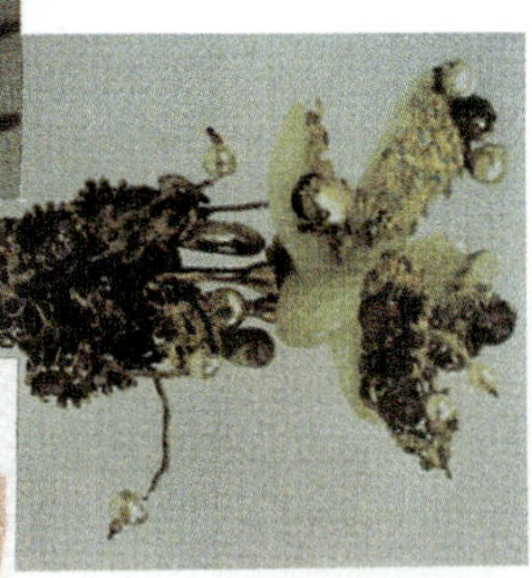

① '첩지' 부착 다래머리, 신분 구분 用
② '첩지' 신분 구분
③
④ 입식 떨잠 전세 실물

〈그림 23〉 첩지, 비녀, 떨잠 전세 실물

태어나서 서너 살이 되었을 때 처음으로 배씨댕기를 접하고, 다음으로 말뚝댕기 그리고 머리가 더 길어 처녀가 될 무렵 종종머리가 되면 도투락댕기를 맨다.

머리가 더 길어지면 비로소 처녀만의 특권이요 전유물인 길게 땋은 머리에 자주빛 댕기를 단다. 궁중머리에도 댕기는 필수품이다. 어여머리에는 떠구지댕기, 새앙머리에는 네가닥댕기, 무수리나 세수간 나인들은 팔잎댕기를 맨다. 이렇게 조선의 여인들은 댕기와 일생를 함께 살았다.

2) 비녀

조선시대의 비녀는 실용성 및 장식성과 함께 신분사회의 특성을 지니고 있다. 비녀는 쪽을 고정 시키기 위해 사용하는 것이었다. 가체금지령 이후 비녀의 재질이나 장식에 일대 변화가 일어난 이유는 가체에 비용을 많이 들이는 머리 치장을 금지하자 그반사적인 행동으로 비녀 장식에 치장에 치장 했기 때문이다. 가체를 금하는 대신 쪽머리를 하라는 것이 가체금지령이었다.

비녀의 종류는 금비녀, 은비녀, 백동비녀, 놋비녀, 진주비녀, 옥비녀, 영락(유리)비녀, 비취비녀, 산호비녀, 목비녀, 죽비녀, 각비녀, 골비녀 등이 있다.

〈그림 24〉 비녀 전세 실물

〈그림 25〉 비녀 전세 실물

3) 꽂이(보조비녀)

다리를 고정시키는 데 필요한 보조 비녀, 쪽 꾸미개인 뒤꽂이, 어여머리에 장식하는 떨잠, 가리마를 탈 때 쓰는 빗치개, 쪽에 찌르고 다니면서 장식 효과도 내고 귀지를 파내는 데도 사용하기도 하였다. 쪽을 장식하는 꾸미개로 은이나 동으로 몸체를 만들고 머리 부분에 국화나 나비, 천도, 연꽃, 봉황 등을 장식하여 치장 효과를 높였다.

〈그림 26〉 뒤 꽂이 및 입식 떨잠 전세 실물. 한국의 미

4) 빗

빗이란 조선 여인의 일생에서 반려자와 같은 것으로 참빗, 얼레빗은 그 대표적이며 장식용까지 겸하고 있다. 빗의 종류는 반달빗, 음양소, 가리마빗, 면빗, 상투빗, 얼레빗, 살쩍밀이, 참빗이 있다.

반달빗으로 반달모양으로 생겼다하여 반월소라고 하며 주로 여인들의 애장품이며, 음양소는 한쪽은 성글고 다른 한쪽은 촘촘하여 얼레빗과 참빗의 기능을 겸한 빗이다. 가리마빗은 가리마를 타기위해 한쪽끝을 뾰족하게 만든 빗이며, 면빗은 빗의 몸통이 좁아서 족두리나 망건을 착용했을 때 귀밑머리를 빗는데 사용하는 빗이며, 상투빗은 상투를 틀 때 사용되며 망건을 고정하기 위하여 만든 빗이다. 살쩍밀이는 족두리 또는 망건을 착용했을 때 흩어진 머리카락을 살짝 밀어 넣는 것이며 참빗은 4종류로 대소, 중소, 어중소, 밀소가 있다.

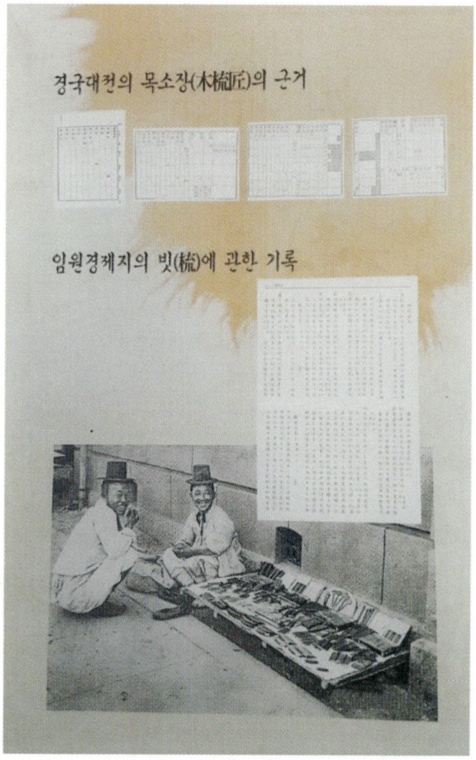

〈그림 27〉

얼레빗이란 빗살이 굵고 성근 큰 빗으로 긴 머리를 빗질 하는데 필수적으로 보통 얼레빗으로 대강 머리카락을 간지런히 한 뒤 참빗으로 빗는다. 크기는 다양하고 용도에 따라 빗살이 성긴 것과 촘촘한 것이 있다. 재료는 주로 나무로 만든 것이 많으며 나무는 박달나무, 대나무, 대추나무, 도장나무, 소나무, 유자목 등이 사용된다. 특히 제주도의 해송으로 만든 빗은 질병과 흉액등 귀신을 좇는다고 하여 인기가 많았다고 한다. 그리고 고급의 빗으로는 대모(代瑁)로 만든 것이 있었으며, 삼국시대, 고려시대에는 대모, 상아, 뿔, 은 등으로 만들어 여기에 나전, 은상감, 조각, 화각으로 무늬를 놓아 장식을 한 후 머리에 꽂았다고 한다. 이에 대한 자료는 국립공주박물관에서 순천박씨 기증유물 특별전에 전시된 자료이다.

〈표 3〉 빗의 종류

얼레빗	반달빗	음양소
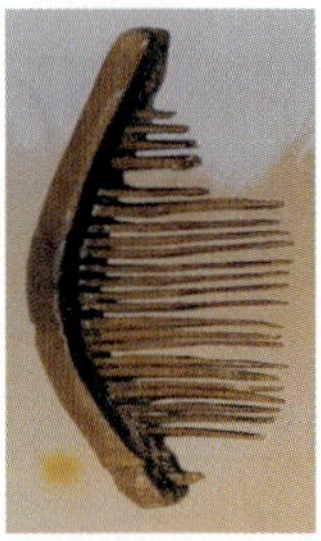		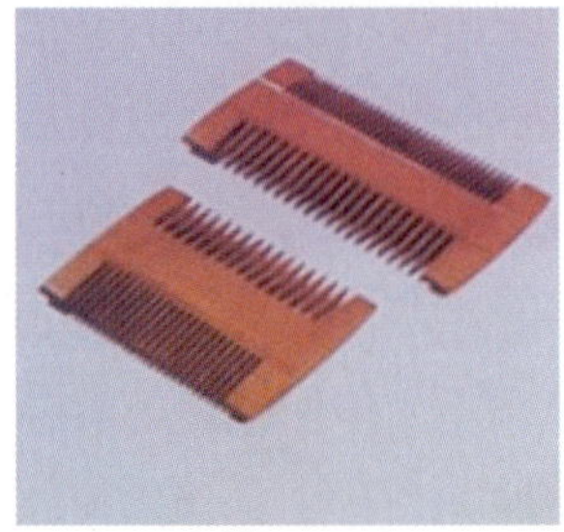
면빗	가리마빗	상투빗
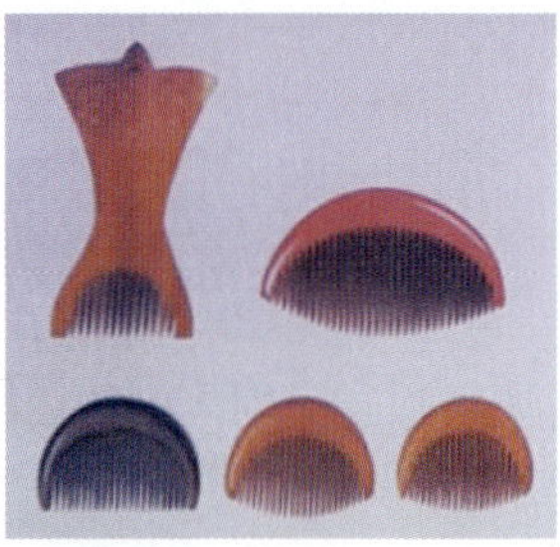	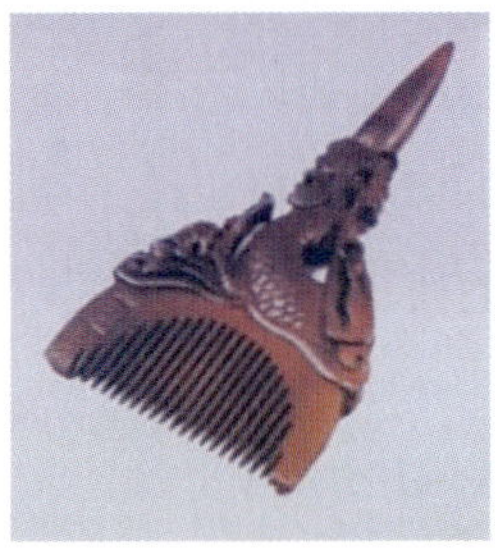	
살쩍밀이	대모	참빗-대소
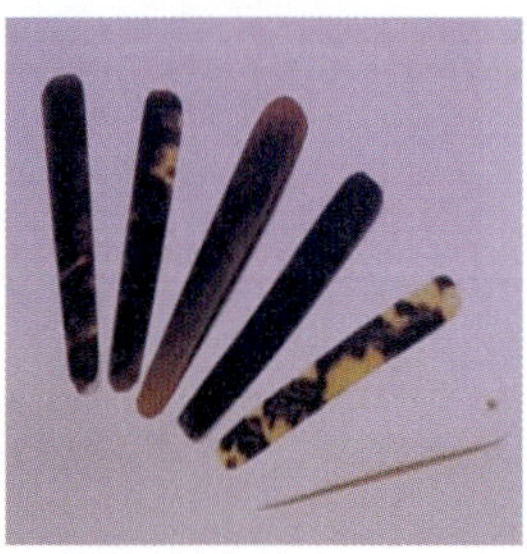		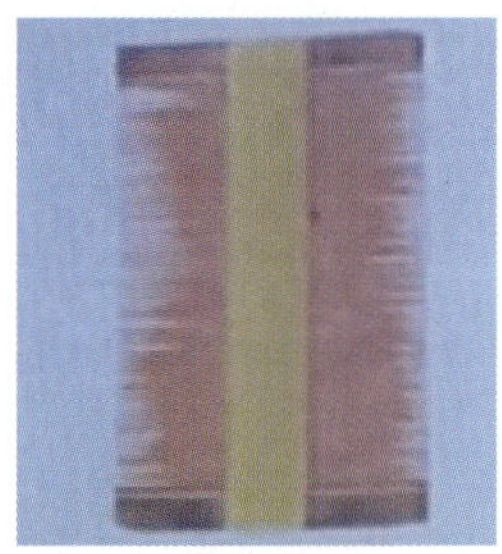
참빗-중소	참빗-어중소	참빗-밀소
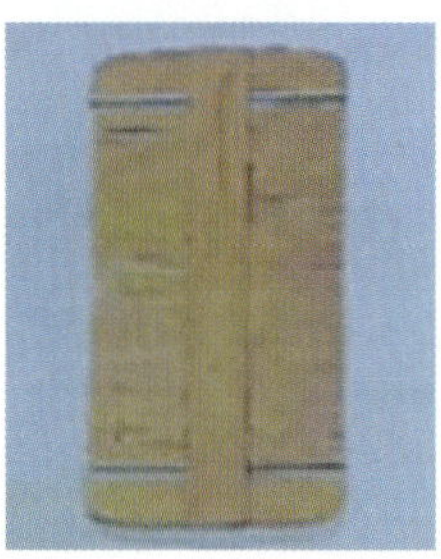	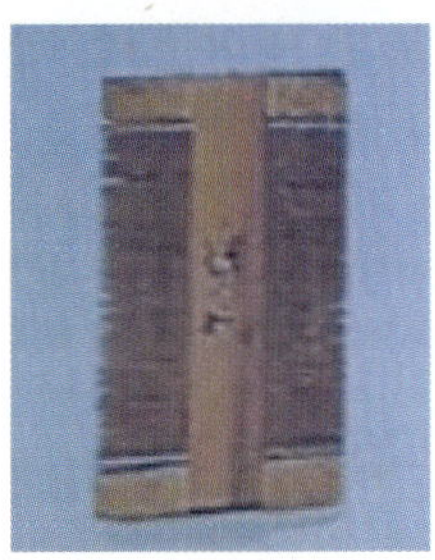	

7 재현 및 따라하기

〈표 4〉 가체머리

신윤복 – 단오풍정

정면

뒷면

좌

우

〈표 5〉 가체머리 따라하기 과정

1. 본머리를 깔끔하게 정리한다.

2. 가체를 사용 풍성하게 쪽을 짓는다.

3. 쪽머리에 가체를 준비한다.

4. 가체를 올린다.

5. 가체를 풍성하게 올리고 고정시킨다.

6. 뒷머리에 싱을 넣고 가운데로 감싸 묶는다.

〈표 6〉 거두미

거두미

정면	뒷면	우

〈표 7〉 관기머리

김홍도 – 부벽루연회도부분

정면

뒷면

좌

우

〈표 8〉 관기머리 따라하기 과정

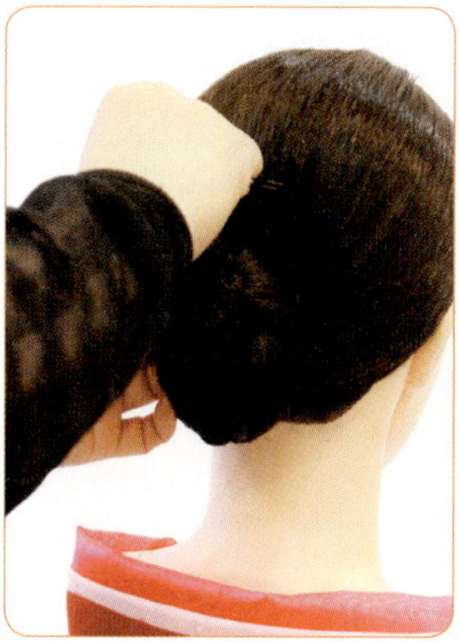

1. 본머리를 하나로 뒤에 묶어 망으로 씌운다.

2. 가체를 머리위로 두른다.

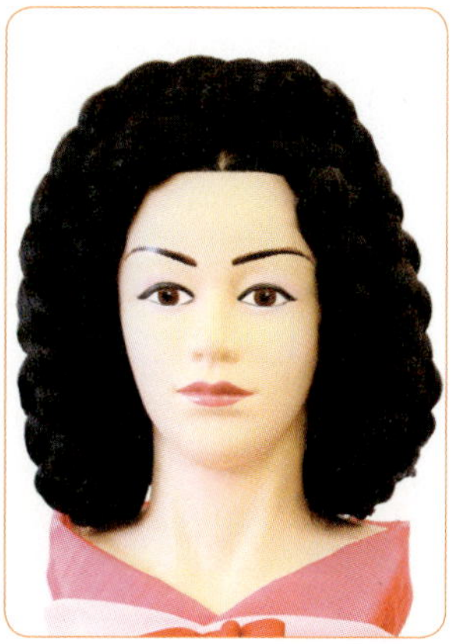

3. 두른 머리위로 가체를 어깨까지 늘어뜨린다.

4. 머리위에 뿔처럼 모양을 만든다.

5. 양쪽에 뿔처럼 나오게 고정시킨다.

6. 악세사리로 장식한다.

〈표 9〉 쪽머리

정면

뒷면

좌

우

〈표 10〉 쪽머리 따라하기 과정

1. 목 뒤 지점에 낮게 하나로 묶는다.

2. 두 갈레로 나눠 각각 땋기 한다.

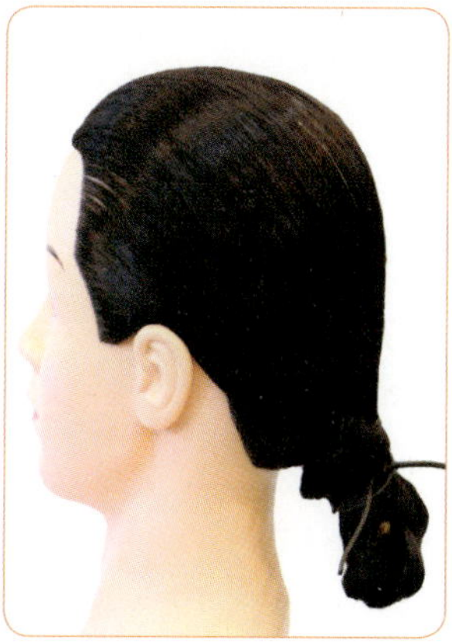

3. 땋은 머리를 접어 올려 쪽 기둥을 만든다.

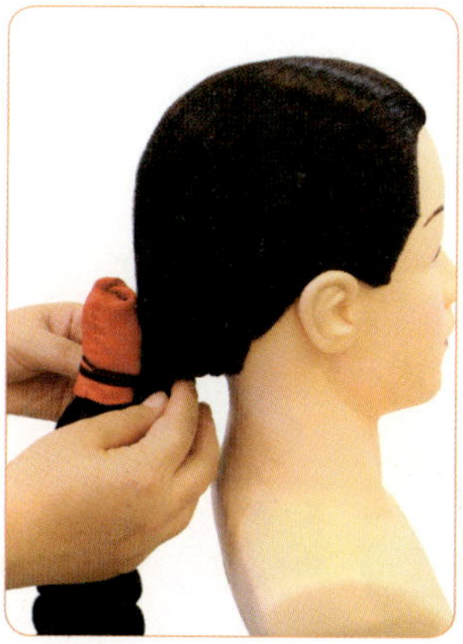

4. 달비를 얹어 같이 묶는다.

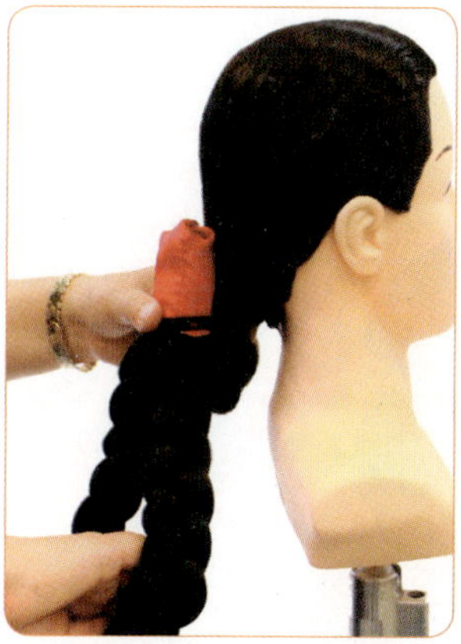

5. 목둘레에 가까이 달비를 고정시킨다.

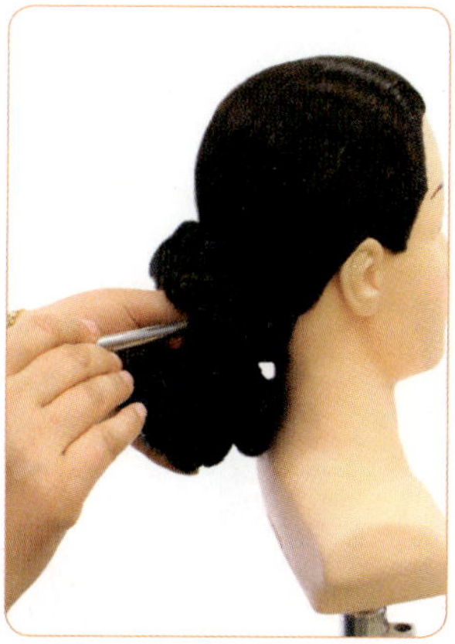

6. 안정된 부분에 쪽을 꽂는다.

〈표 11〉 첩지머리

정면

뒷면

좌

우

〈표 12〉 첩지머리 따라하기 과정

1. 하나로 묶은 머리를 두 갈레로 나눠 각각 땋는다.

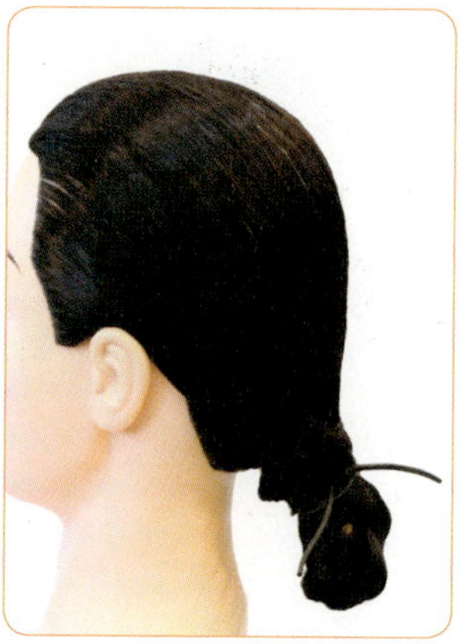

2. 땋은 머리를 접어 올려 기둥을 만든다.

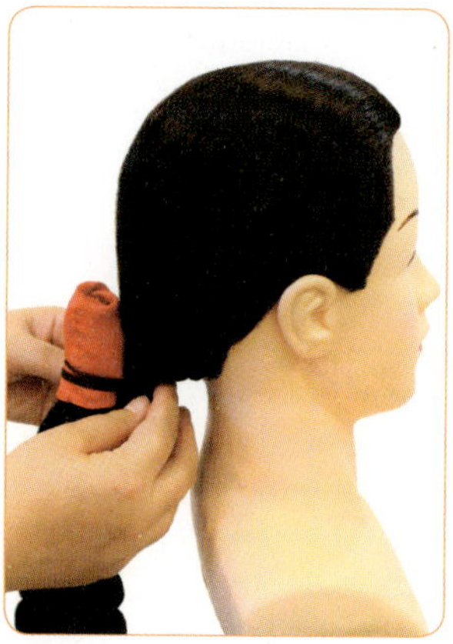

3. 달비를 얹어 같이 묶는다.

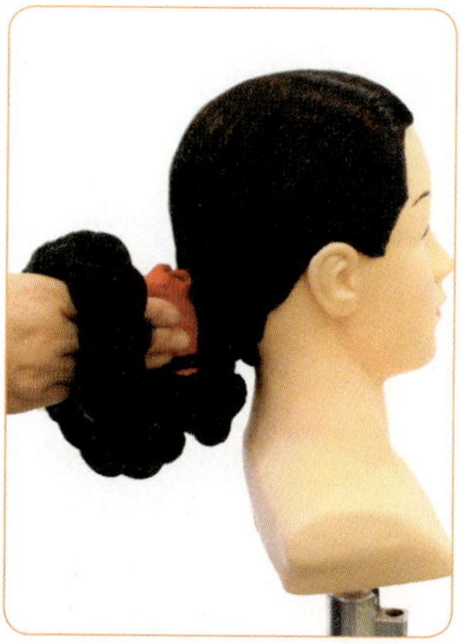

4. 목둘레 가까이 달비를 고정 시킨다.

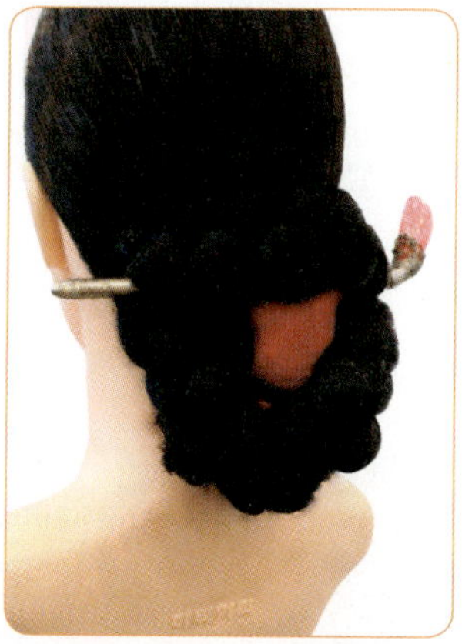

5. 목둘레에 가까이 달비를 고정시킨다.

6. 완성된 쪽머리에 첩지를 올려 쪽 뒤로 고정 시킨다.

〈표 13〉 어유미

명성황후(민황후)

정면

뒷면

좌

우

〈표 14〉 어유미 따라하기 과정

1. 목뒤에 두 갈래로 땋아 묶는다.

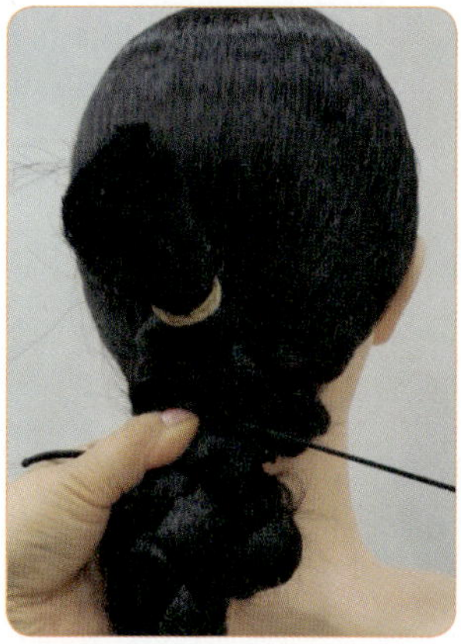
2. 달비를 묶는다.

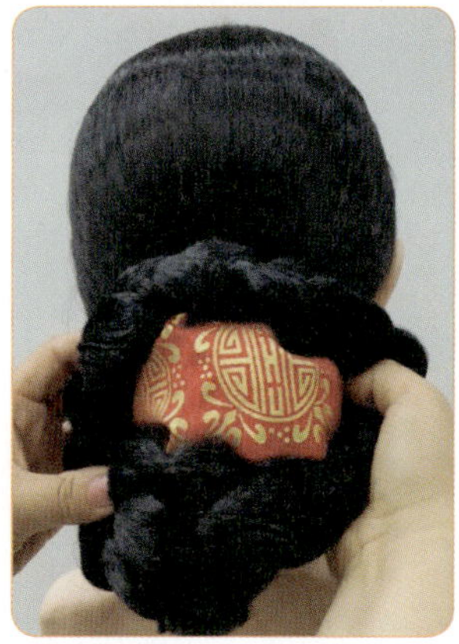
3. 쪽을 만든다.

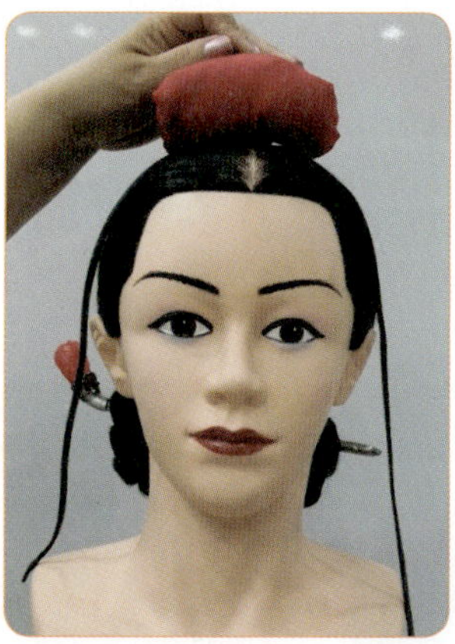
4. 쪽머리에 어유미 족두리를 올린다.

5. 어유쪽두리에 달비를 겹쳐 올린다.

6. 달비를 고정시키고, 악세사리를 꽂는다.

〈표 15〉 새앙머리

문관부인 시녀상

정면

뒷면

좌

우

〈표 16〉 새앙머리 따라하기 과정

1. 양쪽 끝을 구부려 접어 묶은 달비를 본머리에 올린다.

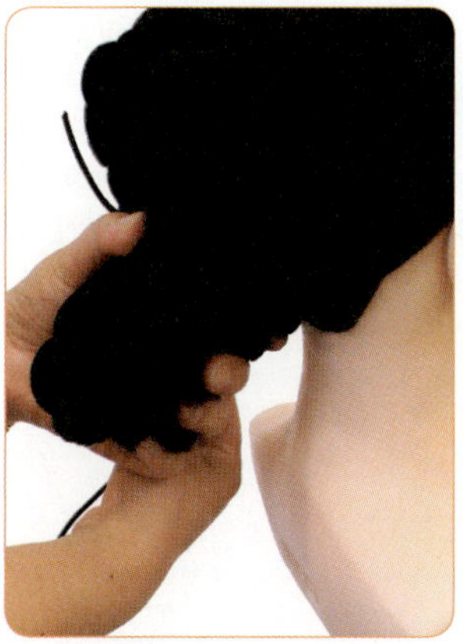

2. 본머리와 달비를 단단히 묶는다.

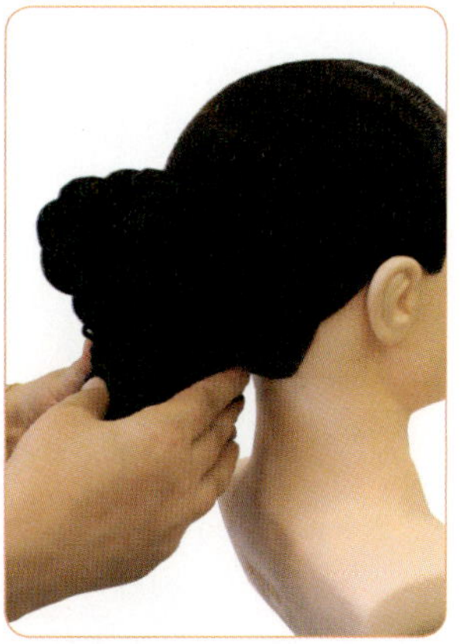

3. 달비를 고정 시킨다.

4. 자리를 잡아준다.

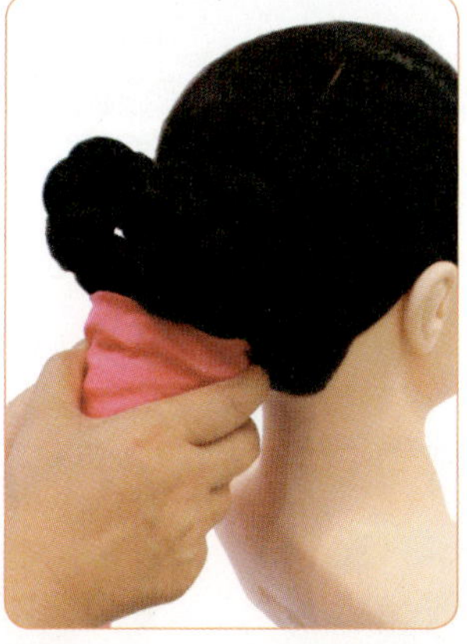

5. 달비 가운데 댕기를 감싸서 묶어 준다.

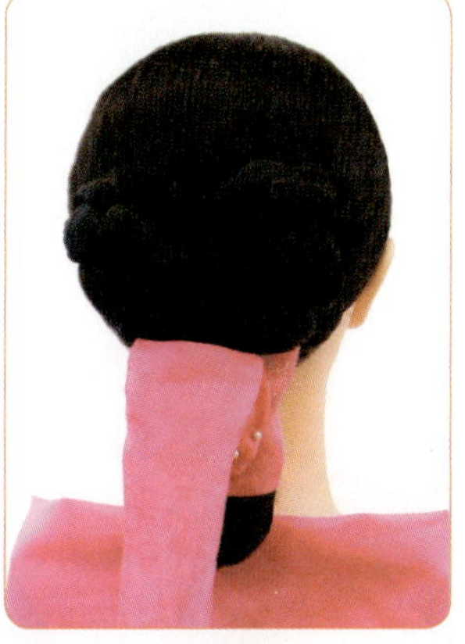

6. 정 가운데 댕기를 고정 시킨다.

<표 17> 둘레머리

정면

뒷면

좌

우

〈표 18〉 둘레머리 따라하기 과정

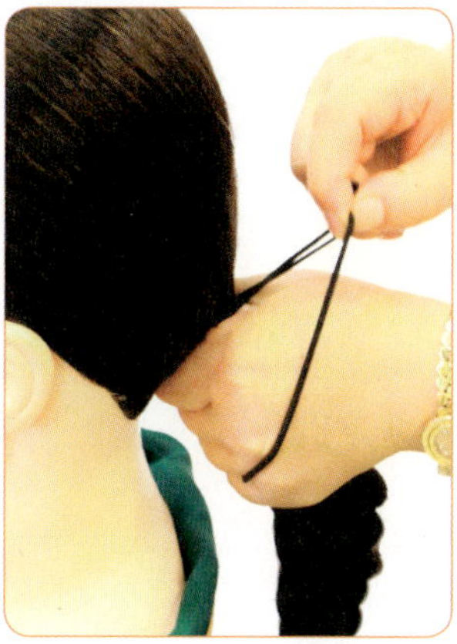

1. 목뒤로 머리를 하나로 묶는다.

2. 땋아서 묶은 다음 망으로 고정 시킨다.

3. 가체를 머리위로 두른다.

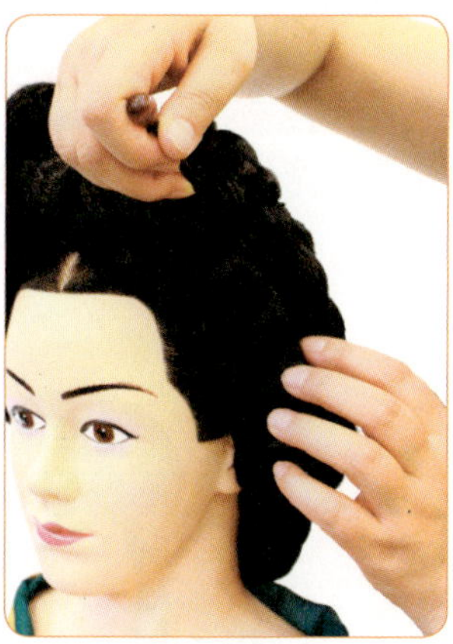

4. 가체를 두르면서 가체를 고정 시킨다.

5. 본머리와 가체를 고정 시킨다.

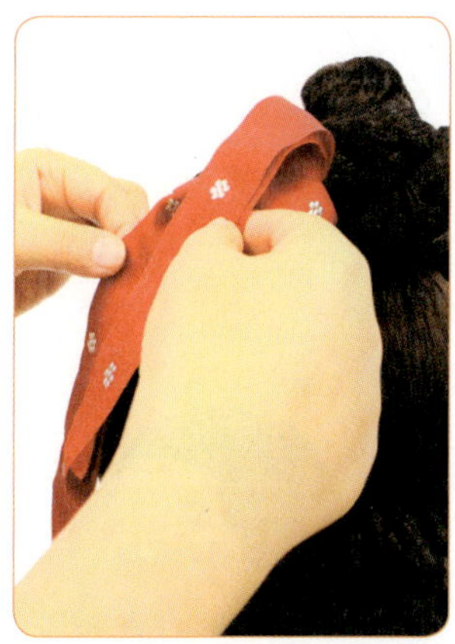

6. 댕기로 연결한 후 고정 시킨다.

〈표 19〉 땋은머리

정면

뒷면

우

〈표 20〉 땋은머리 따라하기 과정

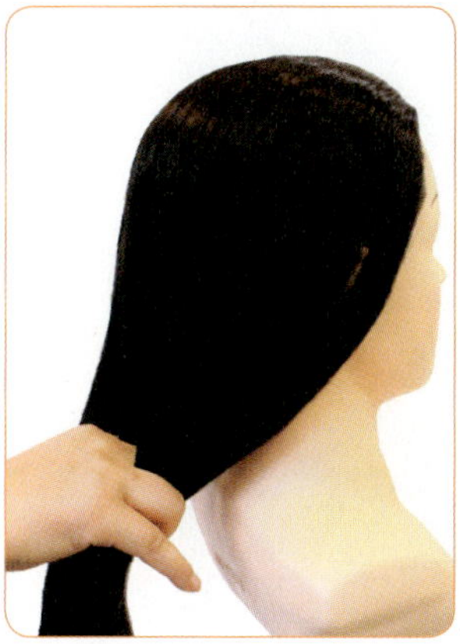

1. 머리를 뒤로 모아로 세 가닥으로 나눈다.

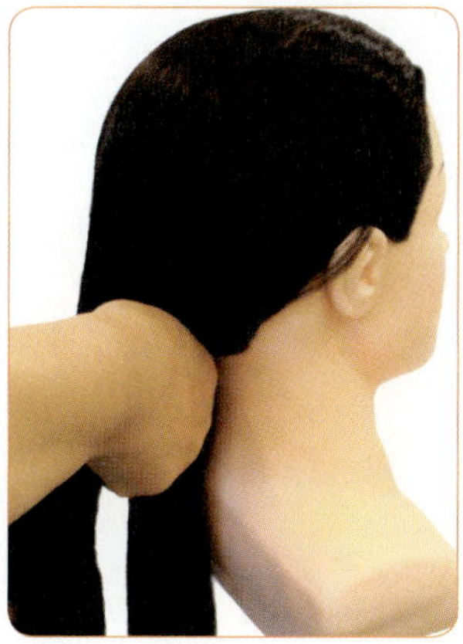

2. 세 가닥으로 나눈 머리를 땋는다.

3. 머리끝까지 땋는다.

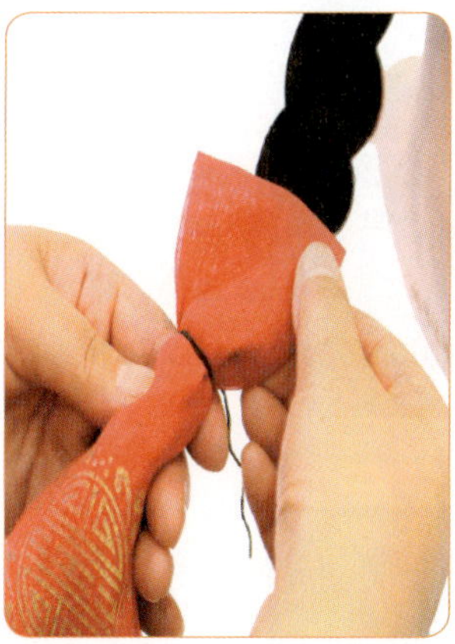

4. 달비가 풀리지 않게 단단히 묶는다.

5. 댕기를 달비에 연결한다.

6. 댕기 모양을 잡은 후 완성한다.

〈표 21〉 대수머리

정면

뒷면

좌

우

〈표 22〉 대수머리 따라하기 과정

〈표 23〉 면류관

정면

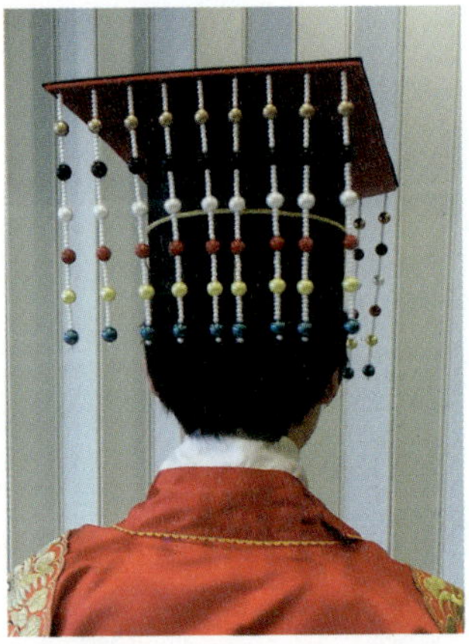

뒷면

좌

우

〈표 24〉 면류관 따라하기 과정

CHAPTER

07

현대에 표현된 우리머리

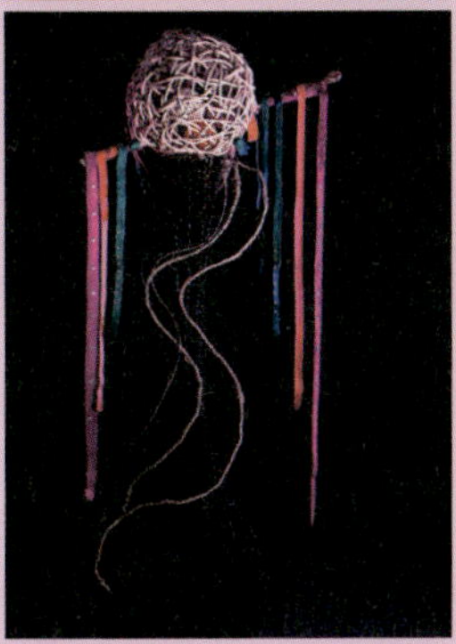

세계적인 디자인의 흐름은 각 국가들의 독창적인 문화와 전통이 결합되고 재해석되어 새로운 이미지로 표현되고 있다. 이러한 흐름에 따라 각 국가들은 자국의 역사와 의식을 반영하고 고유한 사상과 문화를 담고 있는 전통문화를 디자인의 모티브를 활용하고 있다. 한국의 심오한 정신적인 세계를 드러내면서 힐링의 의미로 빠르게 전 세계에 전파되고 있다.

이것은 구시대의 전통을 배경으로 한 창의적이고 현대적인 디자인의 작품을 제작하여 재현에서 벗어난 작품의 창작을 통해 미용예술 영역의 학문적 기반을 닦고 고전헤어아트의 미학적 가치를 재조명하는 움직임이라고 할 수 있다.

다양한 문화가 세계적으로 교류되면서 이를 응용·활용하는 많은 분야들이 생겨나고 있다. 각 국가들은 이러한 시대적 변화를 지각하고 자국의 문화를 세계에 알리고자 적극적인 자세를 보이고 있는 추세이다. 현재 우리나라에서도 문화콘텐츠를 개발하고 상품화시키고자 많은 노력들을 하고 있다. 특히 한류의 열풍을 타고 세계 곳곳에 전해지고 있는 한국의 전통문화는 한국인으로서의 자긍심과 우리문화의 우수성을 깨닫게 하는 계기가 되고 있다. 그러므로 전통문화에 대한 올바른 이해와 보급은 민족의 자긍심 확보와 우리 문화의 우수성 전파에 연관 될 수 있다.

다양한 디자인이 넘쳐나는 서양에서는 언제부터인가 동양의 문화에 관심을 가지기 시작하였고 소박하지만 섬세하고 화려함이 묻어있는 동양의 전통문양과 색감을 모티브로 많은 예술가와 작가들에 의해 건축, 가전, 가구, 패션, 뷰티 등의 여러 분야에 접목되어 다양한 디자인을 선보이고 있다. 현재 전반적으로 세계적인 디자인의 흐름은 독창적인 문화가 전통과 결합되고 재해석되어 새롭고 다양한 문화를 만들어 내는 경향을 보이는 추세이다.

자연에서 얻어지는 은은한 색채 감성과 상징성, 주술적인 의미를 담고 있는 한국의 전통문양은 창의적 디자인을 만들어 내는데 좋은 모티브로 사용되고 있다.

이에 아트로 표현된 우리머리는 다양한 곳에서 나타난다.

영화, 드라마를 살펴보면 현대적으로 재해석된 머리모양들이 나타나고 있다. 또한 전문가들의 전시회 및 헤어쇼, 미용을 전공하고 있는 대학생, 석·박사과정을 하고 있는 대학원생들의 작품 등을 통해 우리머리의 다양하고 창의적인 디자인들을 활용한 작품들을 선보이고 있다. 21세기에 들어서면서 한류문화의 확산에 힘입어 우리 것에 대한 아름다움도 함께 알려지고 있는 시대에 발맞추어 이러한 활동들은 전통과 현대, 그리고 미래를 바라보는 뷰티산업 및 뷰티인들의 자긍심이 될 것이라 사려된다.

1 헤어아트로 표현된 우리머리

현대의 미용은 인간의 생활 속에 내재된 불확실한 요소와 형식에 공감과 이해가 가능한 현실성을 부여해주는 기능적인 수단으로 진화하고 있으며, 정치, 경제, 문화, 스포츠, 교육 등 다양한 분야에서 다양한 목적으로 적용되고 있다. 따라서 미용은 인간의 사회활동에서 요구되는 다양한 표현수단 가운데 가장 현실적이고 유용한 가치를 갖기 때문에 다른 문화예술과 동등한 국제적인 교류가 필요하고 점진적으로 교류가 증가하고 있는 추세이다. 이러한 문화적인 교류는 미용에 필요한 자료, 도구, 소품, 표현기법 등 다양한 정보를 공유하고자 하는 욕구와 통신 및 교통수단의 발달에 의해 증가하고 있다. 특히, 통신문명의 고도 발달은 실시간으로 문화정보를 교류할 수 있는 기술적 기반을 구축하였으며 이를 바탕으로 한국민족 고유의 미용양식과 표현예술에 대한 국제적인 공감과 이해가 가능해지고 있다. 더불어 헤어아트로 표현된 작품들을 살펴보면 대학원 석·박사과정에서 많이 볼 수 있으며 아래 사진은 채선숙 박사학위 논문 작품이다.

〈그림 1〉 무신도에 나타난 성수를 응용한 헤어아트

〈그림 2〉 헤어아트에 표현된 고전머리

2 일러스트로 표현된 우리머리

헤어스케치는 우리나라에 1985년경에 그림으로 표현된 머리모양으로 조금씩 알려지다가 1998년부터 본격적인 관심을 가지고 전문적인 분야로 알려졌으며 현재 많은 미용인들이 관심을 갖고 헤어스타일링 디자인에 활용하고 있으며 전시회와 헤어 일러스트분야의 대회도 치루고 있다.

헤어스케치는 미용인이 시술을 하기 이전에 두상파악과 모류의 흐름, 고객의 개성과 얼굴형에 적합한 스타일을 상담을 할 수 있는 가장 기본적인 것으로 미용 입문 시 부터 공부하여 쉽고 간단하게 대상의 특징을 평면적 입체적으로 그려서 자신이 창작한 머리모양을 그림으로 표현해주는 시각적 언어로 사용한다.

일러스트레이션의 개념을 살펴보면,

회화적 또는 조형적 표현이다. 시각유도를 위해 보조적으로 예시된 그림이라고 할 수 있고 사전적 의미를 보면 "잡지, 책 등의 삽화나 도해 또한 설명을 위한 비교로 실례나 예시한 그림으로 원본을 명백히 하기 위하여 설명한 것이다"라고 했다. 예를 들면 선사시대 동굴벽화가 순수 미술작품이 아니고 그들의 생활에서 기능과 목적을 가지고 사용하였다면 그것은 일러스트레이션의 효시라고 보며 또한 글과의 다리 역할을 위해 쓰이는 것 이라고 볼 수 있다.

일러스트레이션의 분류를 보면

내용으로 본 일러스트 - 출판, 광고, 일러스트레이션.

형식으로 본 일러스트 - 뷰티, 패션, 책 표지, 동화책, 만화, 캐리커쳐, 테크니칼, 입체, 컴퓨터, 에니메이션 등이다.

활용 분야로 보는 일러스트레이션을 살펴보면

뷰티 일러스트(Beauty illustration)는

뷰티와 일러스트레이션이 결합하여 만든 새로운 범위로 Make-Up, Hair 등의 전반적인 뷰티 디자인을 미술이라는 형태를 통해 스케치 하거나 타인의 이미지를 정확하게 전달하기 위하여 색채와 형태로 시각화 한 것이라 한다.

패션 일러스트(Fashion illustration)는

style畵라고 하는데 만드는 일, 행위, 활동 등을 뜻한다. 미래의 유행경향을 예측하여 기획, 스케치하는데 원단소재의 선정과 색상, 전체적 실루엣도 고려한다.

헤어 일러스트레이션(Hair illustration)는

헤어 스케치(Hair Sketch) 또는 헤어스타일 일러스트레이션(Hair Style illustration)라고도 한다.

이와같이 헤어 디자이너를 목표로 하고 있는 사람이나, 프로로써 활약하고 계시는 분들도 헤어 일러스트레이션을 그린다고 하는 것은 필요불가결한 조건이다. 패션 디자이너가 자신의 디자인 이미지를 스타일화로 그릴 수 없다고 한다면 직업으로 성립되지 않는 것과 같이 헤어 디자이너가 자신의 디자인 이미지를 정확하게 상대에게 전달하기 위해서는 디자인화로서 누구나 한눈으로 알 수 있는 모양으로 요구된다. 또 새로운 트랜드(trend)를 그리는 데에 따라서 새로운 연출을 할 수 있다.

더불어 살롱에서 고객과 상담할 때도 생략화로 그려서 활용할 수 있으며 현장실무에 다양한 표현에 수단으로 사용되어지고 있다.

3 재현 및 따라하기

1) 삼국시대

반환계 1

반환계 2

힐자계 1

힐자계 2

비천계 1

비천계 2

쌍계 1

쌍계 2

쌍환계 1

쌍환계 2

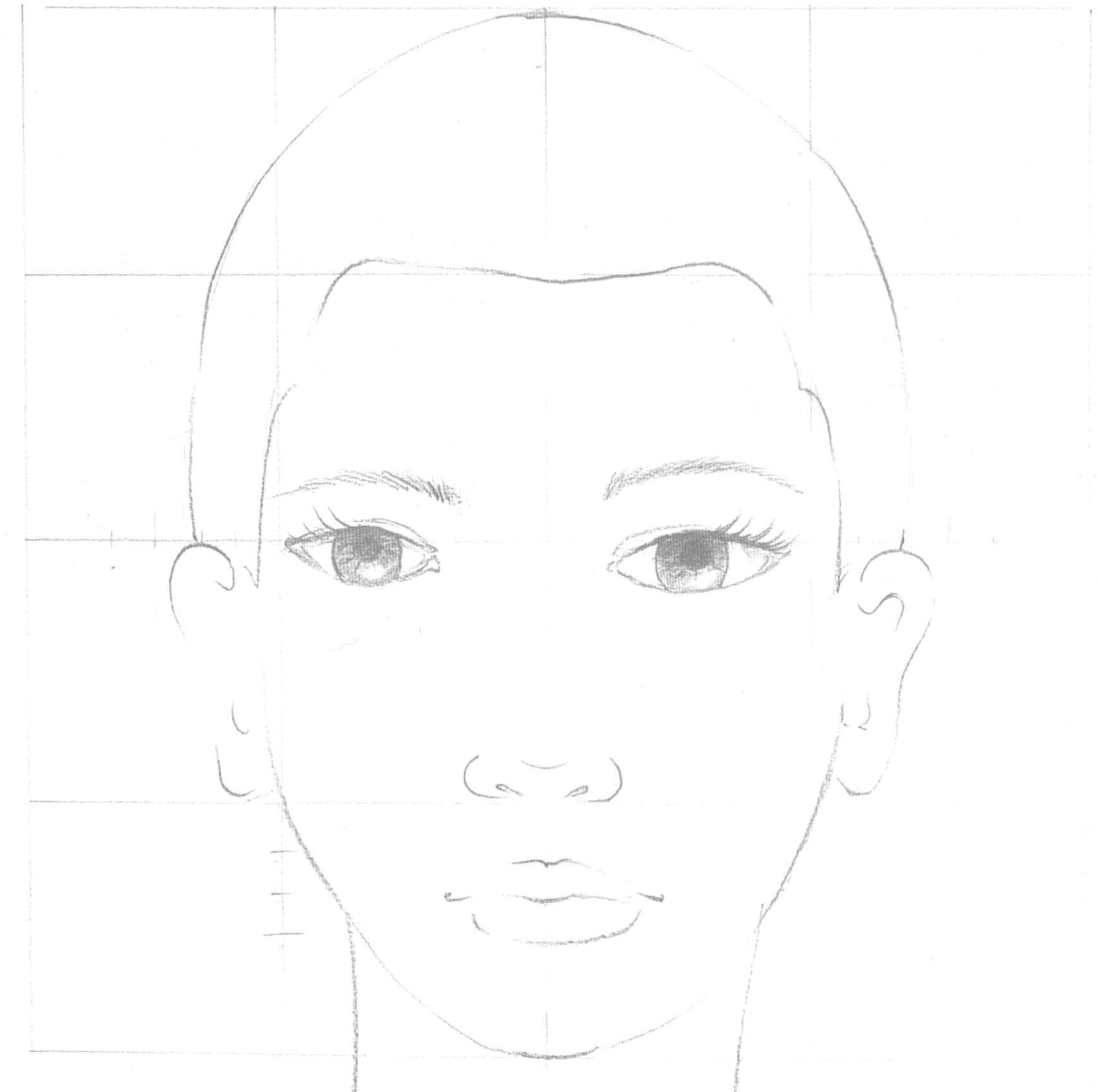

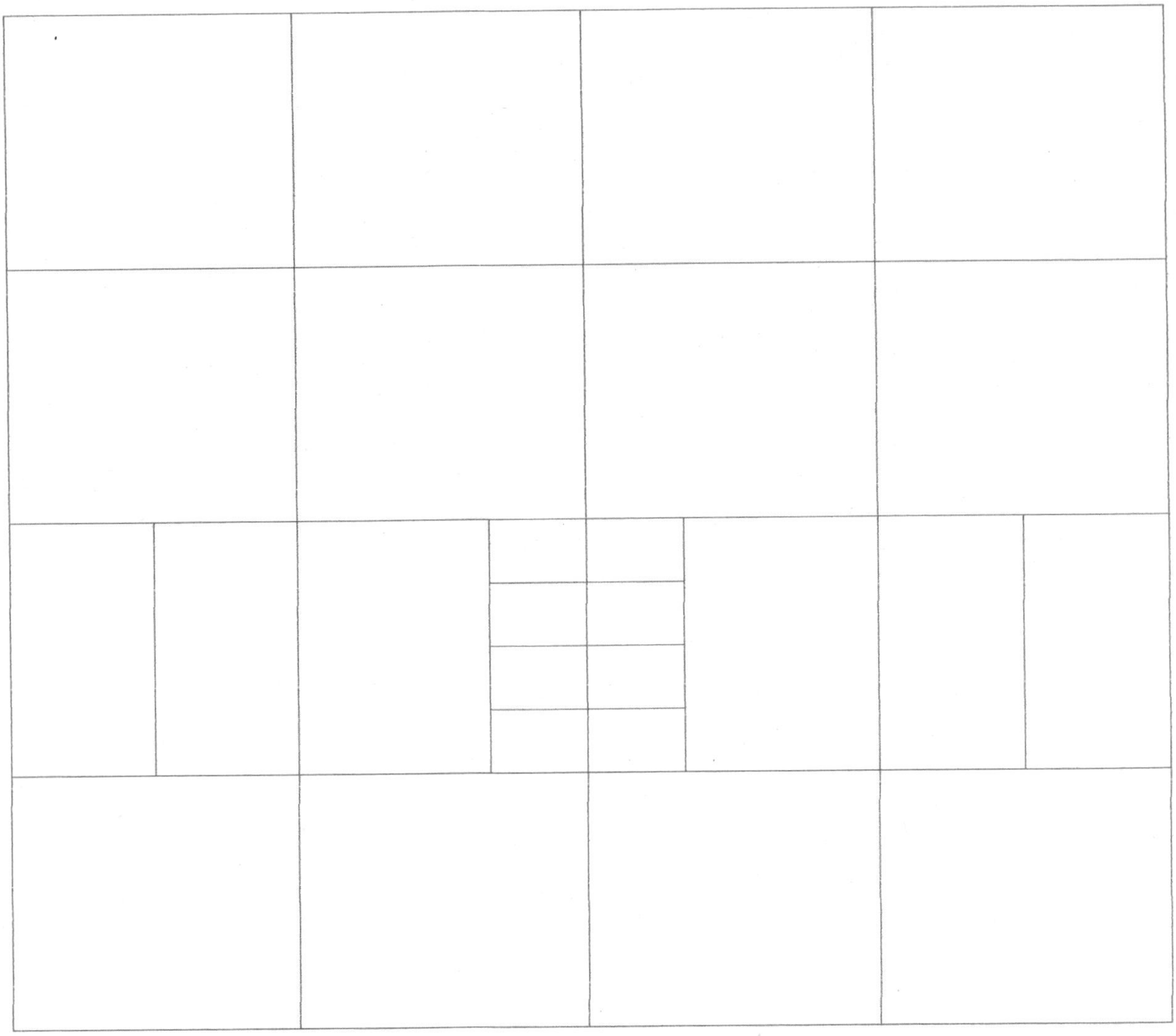

2) 고려시대

추마계 1

추마계 2

조천계 1

조천계 2

조천계 3

조천계 4

아환계 1

아환계 2

쌍수계 1

쌍수계 2

쌍수계 3

직녀머리 1

직녀머리 2

비천계

아환계

3) 조선시대

밑머리

가체

가체

화초머리(황진이머리)

대수머리

어유미

어유미

앞면

뒷면

대수머리

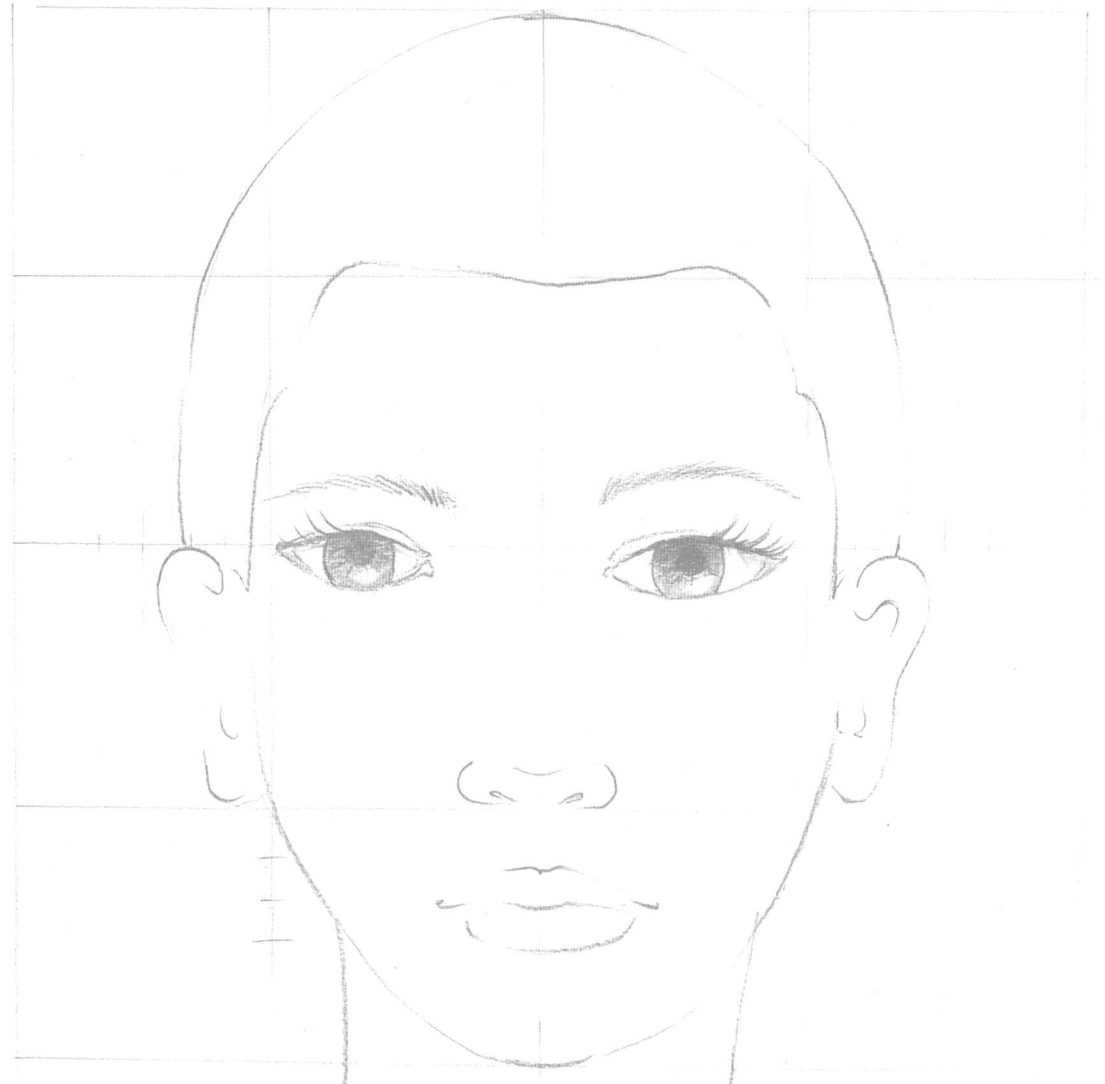

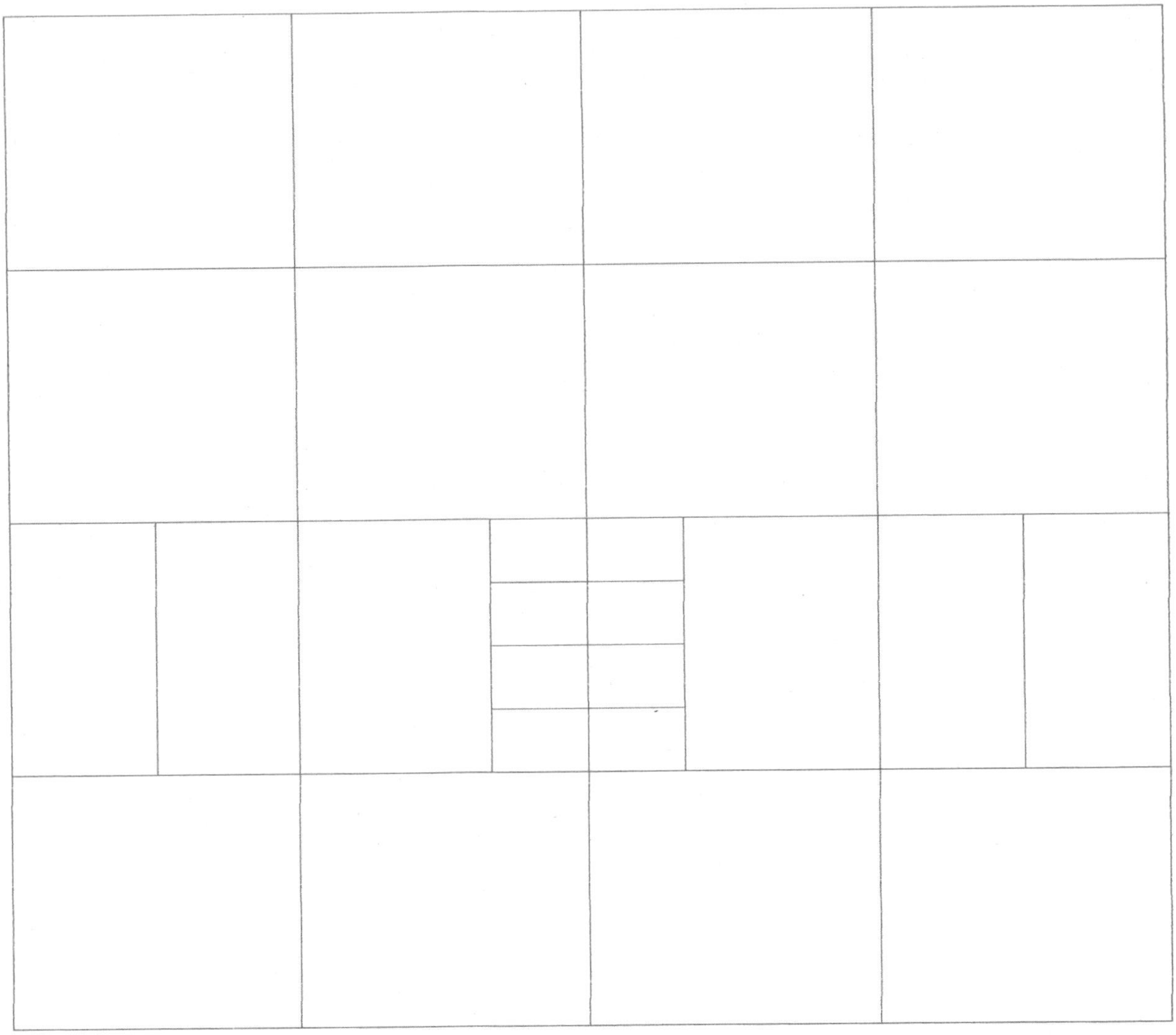

CHAPTER

08

부록

UHD다큐멘터리

여인, 머리를 올리다

가체 다루는 방법

스카이티브이 해외공동다큐멘테리 (한국,프랑스,스위스) 영상참고

UHD다큐멘터리 여인, 머리를 올리다

1부 여인, 머리를 올리다
2부 욕망의 꽃 가체

스타일링
정화예술대 채선숙 교수

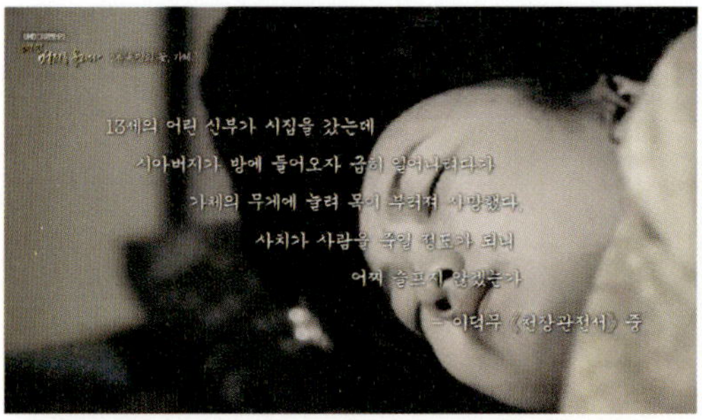
13세의 어린 신부가 시집을 갔는데
시아버지가 방에 들어오자 급히 일어나려다가
가체의 무게에 눌려 목이 부러져 사망했다.
사치가 사람을 죽일 정도가 되니
어찌 슬프지 않겠는가
– 이덕무 〈청장관전서〉 중

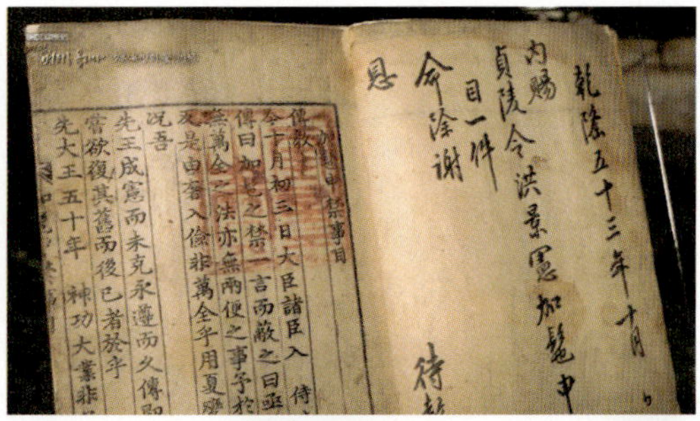

옷만 봐도, 머리모양만 봐도 한눈에 딱! 알 수 있는 것이
바로 사람들의 신분이었다고 하더라

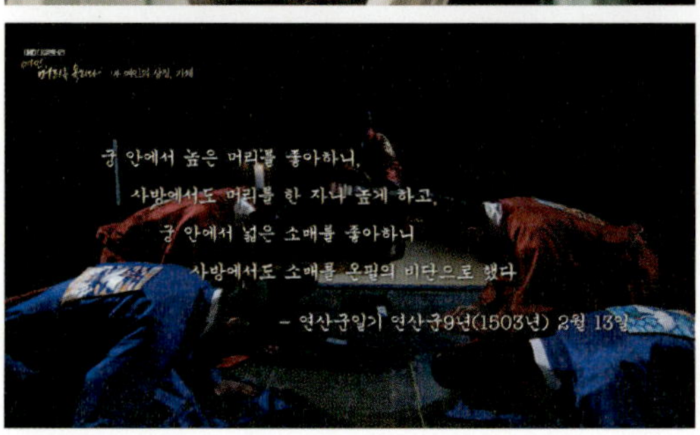
궁 안에서 높은 머리를 좋아하니,
사방에서도 머리를 한 자나 높게 하고,
궁 안에서 넓은 소매를 좋아하니
사방에서도 소매를 온필의 비단으로 했다
– 연산군일기 연산군9년(1503년) 2월 13일

무명옷에 댕기머리, 내침댁 몸종인 처녀는
쓰러진 마님을 붙잡고 그저 안절부절

장씨는 곧 장현의 종질녀이다
나인으로 뽑혀 궁중에 들어왔는데, 얼굴이 자못 아름다웠다
– 숙종실록17권, 숙종12년(1686년) 12월 10일

자문
손미경고전머리연구소 손미경 박사
대한민국명장회미용 김진숙 명장
차홍아카데미 정지우
소설가 김은신 작가
정화예술대학 채선숙 교수
한국중앙연구원 장서각 정해은
서울대학교 규장각 이숙인
명지대학교 이태호 교수
광주미용박물관 이순 관장
위즈덤센터 황상민 박사
민휘아트주얼리 김민휘
호서대학교 안종숙 교수
중앙대학교병원 송광섭 교수
촬영협조

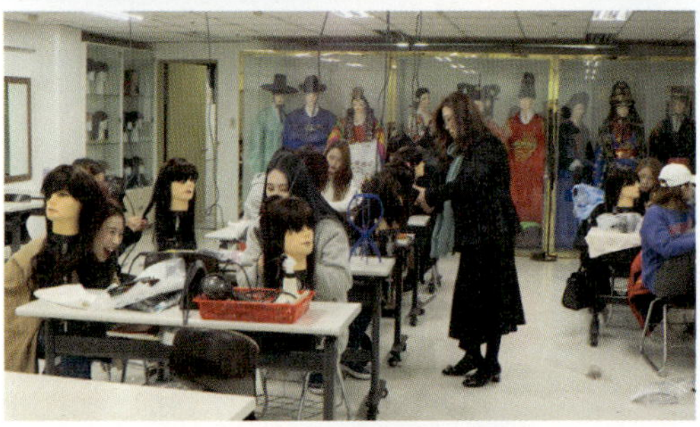

스카이티브이 해외공동다큐멘테리 (한국,프랑스,스위스) 영상참고

참고문헌

古 書

『高麗史』
『高麗圖經』
『三國史記』
『世宗實錄』
『朝鮮王祖實錄』
『巫堂來歷』
『高麗圖經』
『高麗史』
『高麗史節要』
『東國李相國集』
『東文選』
『三國史記』

단행본

Birren Faber. 김수석역(1993). 『색채: 그 내력과 도상, 제2권』, 서울: 한국색채교육학회지.
M.엘리아데, 이윤기역(1992). 『샤마니즘』, 서울: 까치.
고광민·강정식(2006). 『제주도 추는굿』, 국립문화재연구소편, 대전: 피아.
고유섭(1993). 『고유섭전집 제1,2,3,4권』, 서울: 동방문화사.
곽형심(2006).『미용문화사』, 청구문화사. pp.43-44.
국립중앙박물관. 국립대구박물관(2008). 『國立中央博物館 寄贈遺物』, 김영숙기증 .
김경실(2003). 『조선시대 궁중진연 복식』, 서울: 경춘사.
김동욱(1991). 『한국복식사연구』, 서울아세아 문화사.
김상일(1999). 『초공간과 한국문화』, 서울: 교학연구사.
김수남·이보형(1986). 풍『물굿』, 서울: 평민사.
김영숙(1998). 『한국복식사』, 청주대학교출판부.
김영자(2009). 『한국복식미탐구』, 서울: 경춘사.
김원용(1978). 『한국미의 탐구』. 서울: 설화당.
김자림(2005). 『서울 행당동 아기씨당 무신도 고찰(한국 무속연구의 한 단면)』, 서울: 민속원.
김정행(2003). 『전통문화연구 제2집』, 용인대학교 전통문화연구소.
김태곤(1983). 『한국민간신앙연구』, 서울: 집문당.
김태곤(1991). 『한국의 무속』, 서울: 대원사.
김태곤(1993). 『무속과 영의 세계』, 서울: 한울.
김태곤(1993). 『한국무신도』, 서울: 열화당.

김태곤(1995). 『한국무속연구』, 서울: 집문당.
동아대학교 고전연구실역(1971). 『고려사』, 동아대학교출판사.
명성황후해원굿보존회(2008). 『명성황후해원굿 연구』, 서울: 민속원.
목아발물관 소장 유물진(2008). 『한민족의 마음전』, 목아 박물관.
문광희(1995). 『동양복장사논고:고대편』, 서울:경춘사.
박용운외 2명(2003). 『고려시대 사람들 이야기3』. 신서원.
박정례(1994). 『무속신앙』, 서울: 목원사.
박정자외 4명(2010). 『역사로 본 전통머리』, 광문각
방창환·조흥윤((1997). 『제석님과 제석굿』, 서울: 문덕사.
백영자·최해율공저(2000). 『한국의 복식문화』, 서울: 경춘사.
서긍(2005). 『고려도경-송나라 사신 고려를 그리다』, 민족문화추진회. 서해문집, p.45.
석주선(1971). 『한국복식사』, 서울: 보진제.
석주선(1980). 『장신구』, 서울: 석주선기념 민속박물관.
손미경(2004). 『한국여인의 髮자취』, 미디어뷰 출판사.
손미경(2004). 『한국여인의 발자취』, 서울: 이환.
손미경(2007). 『한국인의 발자취 고전머리따라하기 조선시대편』, 미디어북.
손태도(2008). 『우리 무형문화재의 현장에 서서』, 서울: 집문당.
신명기(2004). 『그림으로 만나는 한국의 무신』, 강릉시 오죽헌 시립박물관.
심우성(1991). 『조선무속의 연구』, 서울: 동문선.
아키바 다카시(2000). 『춤추는 무당과 춤추지 않는 무당』, 서울: 한울.
안명숙(2007). 『한국복식문화사《우리옷 이야기》』, 예학사.
유동석(1985). 『한국무교의 역사와 구조』, 서울: 연세대학교 출판부.
유희경(1977). 『한국복식사연구』, 서울:이화여자대학교 출판부.
유희경(1989). 『한국복식사 연구』, 이화여자대학교출판부.
유희경·김문자(2002). 『한국 복식문화사』, 서울: 교문사.
윤열수(1994). 『그림으로 보는 한국의 무신도』, 서울: 이가책.
이경복(1986). 『고려시대 기녀연구』, 서울: 민족문화문고간행사.
이균옥(1998). 『동해안 별신굿』, 서울: 도서출판박이정.
이능화(1976). 『조선무속고』, 서울: 백녹출판사.
이능화·서영대역(2010). 『조선무속고(朝鮮巫俗考) 역사로 본 한국무속』, 서울: 창비.
이두현 외(1991). 『한국 민속학개설』, 서울: 일조각.
이복규(2007). 한국전통문화의 이해. 서울:민속원. p.56.
이배용 외(2002). 『우리나라 여성들은 어떻게 살았을까1』, 서울: 청년사.
이수자(2005). 『제주도 무속을 통해서 본 큰굿 열두거리의 구조적 원형과 신화』, 서울: 집문당.
이연복(2000). 『한국인의 미용풍속』, 서울: 월간에세이.
이영화(2003). 『조선시대 조선사람들』, 서울: 가람기획.
이정숙(2011). 『헤어스케치일러스트레이션』, 서우출판사.
일연·이병도 역(1972) 『역주삼국유사』, 광조출판사.
임영미(1997). 『한국의 복식문화 I, II』, 서울: 경춘사.
임영자(1990). 『한국종교복식』, 서울: 아세아문화사.
장용준(2008). 『장콩선생님과 함께 묻고 답하는 한국사 카페』, 북멘토.

전선정외(2001). 『미용미학과 미용문화사』,청구문화사.
전완길(1987). 『한국화장문화사』, 열화당.
전완길(1997). 『韓國化粧文化史』, 열화당.
정매자·전선정·서동석·안현경(2008). 『우리나라의 옛 여인의 머리치장』.
정명철(1993). 『영사 부적(靈師 符籍)』, 서울: 문화산책
정영양(2004). 『동양자수의 근원과 역사』, 서울: 숙명여자대학교출판국.
조요한(1999). 『한국미의 조명』, 서울: 열화당.
조요한(2008). 『예술철학』, 서울: 미술문화.
조효순(2006). 『한국복식론』, 서울: 수학사.
조흥윤(2004). 『민속에 대한 기산의 지극한 관심』, 서울: 민속원.
채선숙·이승미(2012). 『가모관리학』, 경춘사.
최운식·김명자·홍태한 외(1998). 『한국민속학개론』, 서울: 민속원.
추화릉·최길성역(1987), 『조선무속의 현지연구』, 계명대학교출판부.
큰무당 우옥주(1995). 『유품도록』, 국립민속박물관.
하인리히F.J.융커(2003). 『기산 한국의 옛그림』, 서울: 민속원
한국 역사 연구회(2005). 『고려시대 사람들은 어떻게 살았을까?』, 청년사.
한국고문서학회(2006). 『조선시대 생활사3 의식주, 살아있는 조선의 풍경』, 역사비평사.
한국무속학회(2006), 『신령과 인간을 있는 도구 무구1,2,3』, 서울: 민속원.
한국문화사사전편찬위원회(1992), 『한국문화사사전』, 서울: 동아출판사.
한국복식도감(1986). 한국방송사업단.
홍기원(2005). 『무당내력, 서울대학교 규장각 서대적해제』, 서울: 민속원.
홍일식(1982). 『한국민속대관 제3권 〈민간신앙.종교〉』, 서울: 고대민족문화연구소 출판부.
홍태한 외(1999). 『민속학개론』, 서울: 민속원.
홍태한 외(2001). 『한국의 굿』, 서울: 민속원.
홍태한 외(2007). 『서울굿의 양상과 의미』, 서울: 민속원.
홍태한 외(2008). 『한국의 무신도』, 서울: 민속원.
화매(1992). 중국복식사. 경춘사. p.133.
황루시(1992). 『팔도굿』, 서울: 대원사.

학위논문

권기형(2012). 『한국 전통문양을 응용한 창작 헤어 업스타일 작품연구』, 서경대학교 박사학위논문.p.1.
권숭주(2003). 『영,정조대의 가체금지령에 관한 고찰』, 경성대학교 석사학위논문.
금기숙(1988). 『조선시대복식에 표현된 한국인의미의식연구』, 이화여자대학교 박사학위논문.
김도연(2013). 『불황 속 여인들의 머리모양 재현을 통한 현대 헤어스타일 응용』, 한성대학교 석사학위 논문.
김문숙(1999). 『고려시대 원간섭기 일반복식의 변천』, 서울대학교 박사학위논문.
김애숙 (2004). 『고려와 원수식의 비교연구』, 한남대학교.
김용문(1993). 『아시아의 수발양식에 관한 연구』, 성신여대 박사학위논문.
김은애 (2003). 『고려시대 타출공예품연구』, 홍익대학교.
김은정(2002). 『한국무복의 변화에 관한 연구』, 전남대학교 박사학위논문.
김정순(1988). 『무신도에 나타난 회화성의 고찰』, 조선대학교 석사학위논문.

김정희(2000). 『한국무신도의 색채에 관한 연구』, 경성대학교 석사학위논문.
김지연(1999). 『한국 전통미를 응용한 복식 디자인 연구 -민화를 중심으로-』, 이화여자대학교 석사학위논문.
김태순(1993). 『무신도의 조형세계에 관한 연구』, 경기대학교 석사학위논문.
김한응(2007). 『선(禪)사상에 의한 Zen Style의 조형적 공감성 연구』, 경희대학교 박사학위논문.
류지효 (2005). 『한국 여성의 전통 화장 문화에 관한 연구』, 전남대학교 박사학위논문.
바브로흐 미로슬라브(2008). 『산신도 연구』, 경희대학교 박사학위논문.
박명원(2001). 『한국인의 색채의식 및 색채교육연구 -전통색채를 중심으로-』, 성균관대학교 박사학위논문.
박미성(1993). 『전통 잠두의 문양분석과 그에 따르는 복식디자인 연구』, 이화여자대학교 석사학위논문.
박상국(2010). 『형태의 원리를 이용한 헤어 디자인의 발상 - 작품제작을 중심으로 -』, 서경대학교 박사학위논문.
박선례(2005). 『고려와 조선의 분장과 두발장식 비교연구』, 한남대학교 석사학위논문.
박유경(2013). 고려시대 머리모양 재현에관한 비교분석. 건국대학교 석사학위논문 학위논문
박정애(1997). 『무신도에 표현된 신복연구』, 경희대학교 박사학위논문.
박정희(1995). 『무신도에 나타난 복식에 관한 연구』, 경성대학교 석사학위논문.
방옥자(2007). 『조선시대 무속에 나타난 색채상징 연구 - 무당내력에 표현된 무복을 중심으로-』, 한신대학교 석사학위논문.
변옥자(2012). 『고려시대의 전통머리 양식에 관한 재현 연구』, 성결대학교 석사학위 논문.
서영대(1991). 『한국고대 신관념의 사회적 의미』, 서울대학교 박사학위논문.
송근미(2006). 『박생광 작품에 나타난 한국 전통 색채연구』, 조선대학교 석사학위논문.
송승희(2004). 『가체를 중심으로 한 조선후기 여성의 머리장식연구』, 충남대학교 석사학위논문.
신복순(2010). 『제석거리무복의 유형과 특성에 관한 연구』, 중앙대학교 석사학위논문.
유주리(2005). 『복식문화의 교류에 관한 연구』, 중앙대학교 박사학위논문.
유효순(1994). 『한국의 무속복식 연구 - 서울굿 무복을 중심으로 -』, 숙명여자대학교 박사학위논문.
이금숙(2009). 『한국 전통미가 반영된 머리모양연구 - 조선시대에 나타난 머리모양분석 중심으로 -』, 건국대학교 석사학위논문.
이명와(2001). 『현대 한국건축에 나타나는 전통적 미의 특성에 관한 연구』, 영남대학교 석사학위논문.
이석원(1993). 『한국무신도의 표현의식에 대한 연구』, 전남대학교 석사학위논문.
이소연 (2001). 『전통화장제도의 화장법에 관한 연구』, 카톨릭대학교 석사논문.
이숙경(2010). 『여말선초 여성의 고전머리에 관한 연구』,건국대학교 석사학위 논문.
이순자(1971). 『우리나라 여인의 머리 형태 및 장식에 관한 연구』, 이화여대 석사학위 논문.
이영주(2000). 『조선시대 가체변화에 관한 연구』, 동덕여자대학교 석사학위논문.
이은주(2008). 『고구려 벽화에 나타난 여성들의 머리 형태 연구 - 고리튼 머리와 얹은머리 중심으로 -』, 조선대학교 석사학위논문.
이은주(2012). 『조선시대 고전머리 모양의 기본형으로서 쪽의 활용에 관한 연구』, 한성대학교.
이인숙(2002). 『한국의 전통적 미의식과 오방색의 관계연구 - 조선시대를 중심으로』, 경희대학교 석사학위논문.
이정옥(1976). 『한국 무신도의 도상학적 연구』, 서울 이화여자대학교 석사학위논문.
이지현(2004). 『한국 복식색채의 특성과 문화 기호론적 해석』, 연세대학교 박사학위논문.
이현진(2007). 『여신을 모티브로 한 헤어아트 연구』, 서경대학교 석사학위논문.
임명일(2005). 『샤머니즘의 신앙에 미치는 영향』, 침례신학대학교 신학대학원 석사학위논문.
임린(2005). 『한국 가계양식의 변천에 관한 연구』, 전남대학교 박사학위논문, p.51.
임은주(1997). 『무신도에 나타난 색채의 주술성과 상징성에 관한 연구』, 경희대학교 교육대학원 석사학위논문.
전승희(1984). 『한국민간신앙과 무신도에 관한 연구』, 숙명여자대학교 석사학위논문.

전영자(2008). 『한국 샤머니즘 의례에서의 전통색의 역할 - 청, 적, 황, 백, 흑색을 중심으로 -』, 가톨릭대학교 석사학위논문.

정미향(1989). 『우리나라 여인의 머리모양에 관한 연구』, 국민대학교 석사학위논문.

정상숙(1997). 『한국 여성의 수발양식에 관한 연구』, 명지대학교 석사학위논문.

정현진(2009). 『포스트모던 헤어디자인 재구조화』, 서경대학교 박사학위논문.

조명자 (2003). 『한국화장문화 사적고찰』, 중앙대학교 식품대학원.

조미영(2004). 『조선후기 여성의 머리 형태 재현에 의한 현대 업스타일에 관한 연구』, 세종대학교대학원 가정학과 박사학위논문.

조혜정(2008). 『고려시대의 머리모양과 수식 및 화장에관한 고찰』, 원광대학교 석사학위논문.

채선숙(2007). 『소나무이미지를 이용한 헤어아트발상』, 서경대학교 석사학위논문.

채선숙(2011). 『한국 무속신앙에 표현된 헤어디자인 연구』, 서경대학교 박사학위논문.

천미경(1991). 『한국무신도에 나타난 색채연구』, 동아대학교 석사학위논문.

홍경옥(2006). 『우리나라 여성의 전통 머리 모양에 관한 연구』, 남부대학교 석사학위논문.

학술지

강희정(1994). "고려 수월관음도의 연원에 대한 재검토", 『 미술사연구회(홍익대 미술대학)』Vol.(-), No.8.

김민경·채문희(2009). "고려및 송나라 화장문화와 발형에 관한 연구", 『Journal of the Korea Soc. Beauty and Art』 Vol.(10), No.2.

김민선·고조선(2004) . "삼국시대. 고려. 조선 시대의 결혼 풍속도와 화장 복식 및 헤어스타일 고찰", 한국 뷰티아트 학회지. 제2권 제1호.

김수경(2008). 『고려말 악공·기녀의 위상과 음악사적 의의』, 한국문화연구 15.

김정현·이상봉(2008). "高麗時代 女人의 머리 형태연구", 『한국미용 예술학회』, 제2권, 제1호,

문재원·이복자(2009). "고려시대 여인의 머리모양에 관한 연구", 『J. Kor.Soc.Cosm.』Vol.(15), No.4.

박영은(2002). "풍속화에 나타난 여성두식 (고려에서 조선까지)", 충청대학교 논문집 22:156~159

북한사회과학원 민족고전연구소(번역)(1998), "열린데이터베이스 연구원(개발)", (주) 누리미디어(제작). 〔CD-ROM(네트워크)〕『高麗史』, 卷 94, 列傳 7, 徐熙

서긍(2005). 『고려도경-송나라 사신 고려를 그리다』, 민족문화추진회.서해문집.

소황옥(2003). "한국과 몽골 복식의 유사성(두식을 중심으로)", Journal of korean studies.

양종승(1996). "한국 무신도 고찰", 몽골학, 한국몽골학회.

오강수·김성남(2008). "한국미용문화의 교류에 관한 연구Ⅱ-삼국시대부터 조선시대까지-", 한국디자인문화학회.

유근향(2003). "오정색과 오간색의 전통색 체계에 관한 연구", 디자인 과학연구, 제6권, 한국디자인과학학회.

이수자(1994). "무신도 삼불제석의 신적 성격과 형성 배경", 역사민속학4, 역사민속학회.

이수자(2004). "무신도 일월신도의 형성배경과 문화사적 의의", 한국무속학8, 한국무속학회.

이자연(2005), "시베리아, 중앙아시아와 한국 중부지방 무속복식의 비교연구", 한국의류산업학회지, 제7집.

조진아(2000). "고대화장치레 문화를 통한 한국 전통 미의식에 관한 연구", 경북논총NO.4 2000경복대학교.

채선숙·김성남(2010). "조선시대 회화에 나타난 소나무 이미지를 응용한 헤어아트 작품제작", 한국미용학회지, 제16권 제3호.

최나영·최은미·양정순·이윤진·김기영(2009). "영상매체에 재현된 고려여인의 수발양식에 관한 연구", 『대한피부미용학회지』, Vol.(7), No.4.

하수경(2001). “기원을 위한 무신도”, 비교민속학21 , 비교민속학회.
홍도화(2007). “고려시대 여인의 머리형태 연구”, 『Journal of the Korean Beauty Art Society』, Vol.(1), No.2.

정기간행물

김영자(2003). 산신도에 나타나는 호랑이 배경 지물의 상징성. 민속학연구12, 국립민속박물관.
양종승(1997). 무신도에 나타난 무신의 상징성. 인하대박물관지2, 인하대학교 박물관.
양종승(2003). 서울 이태원부군당 : 건축물 구조 및 신도를 중심으로. 생활문물연구9, 국립민속박물관.
이세나(2003). 무신도 성수의 신격 정체성과 의미 분석. 생활문물연구8, 국립민속박물관.

인터넷검색

www. daum. net. 백과사전.
www.kocca.kr. 한국문화콘텐츠진흥원.
EnCyber&EnCyber.com.
http://blog.naver.com/artsfocus?Redirect=Log&logNo=20044353459
http://hair.oultureootent. 전통 머리모양새와 치레거리. 문화원형디지털콘텐츠.
http://encykorea.aks.ac.kr/. 한국민족문화대백과사전.
http://blog.naver.com/camlhd2?Redirect=Log&logNo=220062585135
http://kref.naver.dom/doc.naver
http://terms.naver.com/entry.nhn?docId=2214842&cid=51293&categoryId=51293
http://danbee928.blog.me/140201177846
http://blog.naver.com/jhsaaa842?Redirect=Log&logNo=100051609559
http://www.cha.go.kr/korea/heritago/search/
http://terms.naver.com/entry.nhn?docId=389445&cid=41978&categoryId=41985
http://terms.naver.com/entry.nhn?docId=2249078&cid=51293&categoryId=51293
문화원형백과

기타

간송미술관
개인 소장
국립중앙박물관
무형문화재 제42호 목소장 이상근 치산공방 전시작품
서울대학교박물관
스카이티브이 해외공동다큐멘테리(한국,프랑스,스위스)
전통머리 연구소
한국인문고전연구소